la randonnée

Collection animée par Soazig Le Bail,
assistée de Claire Beltier.

ISBN 978-2-36474-038-9

Loi n° 49-956 du 16 juillet 1949 sur les publications destinées à la jeunesse
Maquette : Bärbel Müllbacher

la randonnée

Christophe Léon

Roman

Illustration de couverture
de Séverin Millet

EDITIONS
THIERRY
MAGNIER

Christophe Léon est né en 1959. Enfance tropézienne. Puis et dans l'ordre : études aux Beaux-Arts, joueur professionnel de tennis, appareilleur en orthopédie, gérant de sociétés, « artiste » peintre et, enfin, depuis 2002, il se consacre à l'écriture. Il vit aujourd'hui en Dordogne.

En littérature adulte

Tu t'appelles Amandine Keddha, éd. du Rouergue (coll. La Brune), 2002.

Palavas la Blanche, éd. du Rouergue (coll. La Brune), 2003.

Journal d'un étudiant japonais, éd. Le Serpent à plumes, 2007.

Beaux-Arts, éd. du Somnambule équivoque (coll. Fulgurance), 2008.

Écoloco, une alter-friction, éd. du Somnambule équivoque (coll. Dérapages), 2008.

Noces d'airain, éd. Arhens, 2008.

Écran plat, éd. du Somnambule équivoque (coll. Dérapages), 2009.

Mi-figue mi-raisin, éd. La Joie de lire, 2009.

Je suis Richard Brautigan, éd. du Somnambule équivoque (coll. Short Stories), 2009.

Gros malheurs, éd. du Somnambule équivoque (coll. Short Stories), 2011.

En littérature jeunesse

Longtemps, éd. L'École des loisirs, 2006.

Nénuphar Grigrimaldit, éd. Alice Jeunesse, 2007.

Pas demain la veille, éd. Thierry Magnier, 2007.

Lilas doit pleurer et les moustiques piquer, éd. Oskar Jeunesse, 2007.

Grand-Père, éd. Oskar Jeunesse, 2008.

La Guerre au bout du couloir, éd. Thierry Magnier, 2008.

« Ella » in *Nouvelles re-vertes*, éd. Thierry Magnier, 2008.

Silence, on irradie, éd. Thierry Magnier, 2009.

Dans l'enfer de Dante, éd. La Joie de lire, 2009.

Bleu toxic, éd. du Seuil (coll. Karactere'(s)), 2010.

Délit de fuite, éd. La Joie de lire (coll. Encrage), 2011.

Argentina, Argentina…, éd. Oskar, 2011.

Désobéis !, éd. Thierry Magnier, (coll. Nouvelles), 2011.

Le goût de la tomate, éd. Thierry Magnier, (coll. Petite poche), 2011.

Théâtre

Quatre jours dans la vie de Thorpe, mis en scène en 2007 par la Compagnie des Amateurs.

Site Internet : www.christophe-leon.fr

Pour Jo,
une jeune ado de 79 ans

Jour un

Un éperon rocheux situé face au versant nord d'une montagne boisée fait office d'aire de stationnement. Un panneau indique l'emplacement réservé aux voitures particulières, un second celui destiné aux cars. Une table d'orientation répertorie les chemins de randonnée matérialisés par des lignes de couleurs différentes. Une barrière en bois recouverte d'une mousse verdâtre et spongieuse borne le départ des circuits.

Il est six heures et demie. En ce début du mois de septembre les matins sont plutôt frisquets. Des tas de feuilles mortes jonchent le sol et du givre s'est déposé sur la margelle en pierres sèches qui délimite le parking – derrière, l'à-pic d'une ravine assez profonde.

Un bruit de moteur enfle et se rapproche. Au détour d'un virage apparaît un minibus, pleins feux. L'engin grimpe la route tortueuse à allure modérée. Tantôt les yeux jaune topaze des phares plongent dans la vallée, tantôt heurtent les parois de la montagne et balaient les blocs de roche grise.

Le minibus se gare. L'habitacle s'éclaire bientôt d'une lumière crue provenant du plafonnier. Des silhouettes se découpent à travers les fenêtres du véhicule. À l'avant, le chauffeur étire ses bras au-dessus de sa tête. Un des passagers l'imite. Les autres sont immobiles, peut-être endormis.

Le chauffeur est le premier à sortir. Il fait deux pas, inspire profondément, fléchit sur ses jambes, puis revient en arrière et passe la tête dans l'encadrement de la portière.

– Allez les guignols ! On se réveille ! Nous sommes arrivés. Venez respirer le bon air ! Ça vous lavera les poumons !

Son invitation soulève quelques grognements et peu d'animation.

– Il faut s'occuper du matériel. Allez, ouste ! Tout le monde sur le pont ! Je ne veux pas voir de tire-au-flanc. Le dernier dehors se coltinera le sac le plus lourd… Foi de Jeff !

S'ensuit une série de sourdes protestations dénonçant le despotisme intolérable du chauffeur. Un ou deux jurons. Des soupirs.

– C'est ça, mes gaillards… Braillez tant que vous voudrez, mais grouillez-vous bon sang !

Jeff fait le tour du véhicule et ouvre le hayon arrière. Un air frais et piquant s'engouffre dans le minibus.

– Ça caille ! se plaint Damien, le plus âgé des deux garçons.

Il porte une barbe naissante, façon baroudeur. Dans ce visage encore adolescent, un regard dur et très légèrement strabique trahit une certaine maturité.

Jeff extrait du coffre un sac à dos. Ils sont six sacs au total, dont quatre surmontés d'une toile de tente roulée.

– On se dépêche ! Venez m'aider au lieu de croasser !

À peine réveillé, Lukas émerge de l'habitacle, suivi par Damien qui le pousse dans le dos sans ménagement.

– Tu peux pas te remuer les fesses, non !

– Excuse…

Lukas avait fêté son anniversaire l'avant-veille. « Seize ans, ça commence à compter, non ? » lui avait demandé la directrice du Centre en le prenant affectueusement par les épaules. Le garçon avait rougi, détestant ces épanchements publics. « Oui, m'dame », avait-il acquiescé en se dégageant vivement de l'étreinte de la femme.

Damien rejoint Jeff et lui prête main-forte, tandis que Lukas s'écarte du minibus et va jeter un œil par-dessus la margelle.

– Waouh ! Faudrait pas tomber par-dessus bord !

– C'est ce qui t'arrivera si tu ne viens pas immédiatement nous aider ! le menace Jeff.

Jeff est éducateur spécialisé. La trentaine, expérimenté, costaud physiquement et moralement, il sait de quelle manière apprivoiser les jeunes dont il a la responsabilité ou encore lâcher un peu de lest quand c'est nécessaire. Les pensionnaires du Centre l'ont plutôt à la bonne.

Jennifer, Lisa et Meriam – une volée d'adolescentes aux visages froissés de sommeil – émergent à leur tour du minibus. Elles n'en reviennent pas de se retrouver au milieu de nulle part.

– J'y crois pas ! s'écrie Lisa.

– J'hallucine ! renchérit Jennifer.

– C'est l'enfer ou quoi ? interroge Meriam en roulant théâtralement des yeux.

Elles sont vêtues de joggings aux couleurs voyantes – rose bonbon pour Jennifer, vert d'eau pour Meriam et bleu turquoise pour Lisa.

– Voilà les *top models*… se moque Damien, ponctuant son sarcasme du trait acide d'un petit rire désaccordé.

– Eh ! Les filles ! Vous allez effrayer les marmottes, habillées *flashy* comme vous l'êtes, s'amuse Jeff.

Il a eu beau les prévenir avant le départ du Centre, elles n'ont pas voulu l'écouter. Quitte à jouer les randonneuses en milieu hostile, elles ne renonceront pas à leur droit de se vêtir comme elles l'entendent.

– T'inquiète, on va les convertir à la mode, tes marmottes !

La réplique du tac au tac de Jennifer fait s'esclaffer ses deux copines. Lukas grimace. Les filles sont débiles, crispantes et singulièrement insupportables. Ces trois-là ne dérogent pas à la règle. Il va devoir vivre avec, quatre jours durant – un véritable cauchemar en perspective. Il décide de rejoindre Jeff et Damien, prenant soin de contourner les trois donzelles pliées en deux de rire. Ils terminent de ranger les sacs le long de la margelle, puis Jeff va verrouiller les portes du minibus.

– Regardez ! lance-t-il à la cantonade.

Il lève un bras. Entre ses doigts, des clés qu'il agite en les faisant tinter.

– Ouvrez vos mirettes… Je les mets ici. Comme ça, pas de risque de les égarer pendant la randonnée. On les retrouvera à notre retour.

Jeff pose les clés sur le pneu arrière gauche. Il sort de la poche de son anorak un rouleau d'adhésif noir. Il en recouvre le trousseau – quatre bandes superposées.

– Tout le monde a vu ?

– T'as pas peur qu'on te fauche le minibus ? demande Damien.

– Qui veux-tu ?

C'est Jeff qui a eu l'idée de cette randonnée et a convaincu la directrice du Centre. Marcher, bivouaquer et vivre ensemble au milieu de la nature, là où les repères habituels ont disparu. La première semaine de la rentrée des classes a été choisie en accord avec le proviseur du lycée professionnel.

– Vous êtes certain de savoir ce que vous faites ? s'était inquiétée la directrice.

– Des expériences similaires ont déjà eu lieu. Les résultats sont surprenants. Je crois que ça vaut vraiment la peine d'essayer. Ils en reviendront avec une autre image d'eux-mêmes, des autres et peut-être des priorités dans la vie, avait plaidé Jeff.

Les randonneurs ont maintenant les sacs à dos bien calés sur leurs épaules. Jeff réunit les cinq adolescents autour de lui.

– Bien… Je vois que nous sommes enfin prêts. Je me doute que certains d'entre vous ne sont pas vraiment aux anges de partir dans la…

– Brousse ! coupe Damien.

Rires.

– … dans la nature. Je vous rappelle quand même que vous êtes tous volontaires…

– Qu'est-ce qu'on ne ferait pas pour louper une semaine de bahut ! intervient Lisa.

– … pourtant, faites-moi confiance si je vous garantis que dans quatre jours vous serez fiers de vous et que vous aurez des souvenirs plein la tête.

– Y rêve ou quoi ? chuchote Jennifer.

– Faut croire, dit Meriam.

– On va démarrer d'ici, indique Jeff en désignant l'endroit d'où partent les excursions. On marchera en file indienne. Doucement. Pas question de se casser les pattes dès le premier jour. Damien, tu ouvriras la marche…

– Comme par hasard…

– … et moi je la fermerai. Les filles, un conseil, ne gâchez pas votre souffle à jacasser…

– N'importe quoi ! s'écrie Jennifer. C'est du sexisme !

– Ouvrez vos oreilles et fermez-la un peu ! Voilà le menu : on marche une heure, on fait une pause de quinze minutes et on repart. Comme ça jusqu'à treize heures, après on casse la croûte. Allez ! En route !

Jeff s'engage sur le chemin et fait signe à Damien de prendre la tête du groupe.

– Et si on se perd ? demande Meriam en passant près de l'éducateur.

– On ne se perdra pas.

– Sans nos téléphones portables ? Faut espérer que tu sais où on va… ironise à voix haute Damien, qui a pris sa place de leader.

– On ne revient pas là-dessus, dit Jeff. Et puis j'ai le mien, au cas où. Et avec un GPS si ça peut vous rassurer.

Quand ils avaient appris que les téléphones portables, les jeux vidéo et autres MP3 étaient bannis, un cri unanime de protestation s'était élevé. Comment feraient-ils pour survivre sans ces appendices vitaux ?

– Retour à l'homme de l'âge des cavernes… avait persiflé Lisa.

Jeff tint bon. Lui seul aurait un téléphone avec une application GPS pour des raisons de sécurité. Il ne s'en servirait qu'en cas d'extrême urgence. « On ne comptera que sur nous. Faudra se serrer les coudes », avait-il dit, sans vraiment convaincre les jeunes pour qui une seule journée sans télévision frôlait déjà l'exploit.

La lumière pénètre la cime des arbres. Filtrée par les frondaisons, elle se colore de nuances vertes et éclaire d'une manière qu'on dirait indirecte. Le petit groupe s'est arrêté deux fois dans la matinée. Il s'apprête maintenant à faire une pause, après une nouvelle marche à travers bois sur des sentiers de plus en plus encombrés et ténus. Les survêtements des filles ne sont plus aussi *mode* qu'au départ. Les jambes du pantalon de Jennifer ont souffert des ronces. Les genoux de celui de Lisa sont couronnés de terre, suite à une chute dans une descente. Meriam se plaint d'avoir déchiré une manche de sa veste en écartant une branche.

L'après-midi sera plutôt rude : une montée en altitude avant de trouver le bivouac à proximité d'une retenue d'eau. Jeff l'a repérée sur la carte en préparant la randonnée. Cette ascension mettra à l'épreuve le physique et le moral des ados.

Damien prend son rôle de leader très au sérieux. Petit à petit la marche, le grand air et une sensation diffuse de liberté lui ont donné des ailes. Il écarte les branchages qui freinent la marche. Shoote dans les morceaux de bois en travers du chemin. Prévient d'une voix tonitruante quand apparaît un obstacle à contourner. Il est plutôt fier de lui. Il a su prendre les bonnes directions aux moments voulus sans l'aide de Jeff. Il se découvre des dispositions insoupçonnées – celles d'homme des bois. Depuis un bon moment il réprime l'envie stupide de crier et de se boxer la poitrine à la manière de Tarzan.

Tarzan, il l'avait vu pour la première fois *en chair et en os* dans un vieux film qui passait à la télé. Il avait six ans et habitait encore chez ses parents.

– Tarzan, c'est pour de vrai ? avait-il demandé ce soir-là à son père.

– Bien sûr, qu'il existe ! Je l'ai même rencontré…

– Toi !

– Évidemment, moi. Tu crois que je te mens ? Eh bien si tu as besoin d'une preuve, écoute ça : *Je lui ai piqué Jeanne...*

Son père prononçait *Jeanne* à la manière américaine, *Jane*, comme dans le film, impressionnant ainsi son fils – la mère de Damien s'appelait effectivement Jeanne. Ce dernier avait alors ressenti une admiration sans bornes pour ce père capable de kidnapper et d'épouser l'amie de Tarzan. Des semaines durant, il avait appelé sa mère *Jane*.

– Pause dans cinq minutes ! annonce Jeff.

Lukas jette un œil sur le cadran de sa montre. Depuis le départ, il n'a cessé de se rassurer en l'interrogeant à intervalles réguliers. Se situer dans le temps le tranquillise. Une manie qui date de sa petite enfance.

Les parents de Lukas l'enfermaient dans sa chambre pour aller faire des courses ou sortir le soir chez des amis. Un gros réveil bruyant – il trémulait et dansait une gigue effrénée quand il sonnait – était posé sur sa table de nuit. Lukas s'asseyait sur son lit, fixait les aiguilles et suivait des yeux le parcours de la trotteuse qui l'emportait à sa suite dans un rêve éveillé. Ce cocktail de solitude, de rêverie et d'ennui l'anesthésiait. Ses parents le retrouvaient sagement assis, hypnotisé par le réveil. Il fallait un moment au petit garçon pour revenir à la réalité.

– Je n'en peux plus, gémit Meriam.

Ses cheveux dégoulinent de sueur. Elle a eu la mauvaise idée de se maquiller avant de partir du Centre. Le mascara a coulé et son visage est zébré de traces noires, diluées par la transpiration. Elle s'éponge le front d'un revers de la main. Son sac à dos tire douloureusement sur ses épaules. Elle n'a qu'une envie, s'en débarrasser au plus vite.

– C'est pour bientôt cette pause ? s'impatiente-t-elle.

– Là-bas. Sur la droite. Tu vois, Damien ? crie Jeff de l'arrière.

– Oui !

Damien oblique en direction d'une clairière située à environ une trentaine de mètres. Un coin dégagé. Quelques rochers affleurent de terre. L'herbe y est grasse et verte. Un endroit idéal pour faire relâche.

Les randonneurs prennent possession d'une portion de clairière. Lisa est la première à s'affaler par terre. Elle n'a pas la présence d'esprit de retirer son sac et est emportée vers l'arrière. Elle se retrouve sur le dos, les quatre fers en l'air, aveuglée par le ciel bleu qui, sous l'effet de l'humiliation qu'elle ressent, semble se rétracter comme une peau brûlée.

– Eh ! Regardez ! Lisa fait la tortue ! s'esclaffe Damien.

– Ça ne fait rire que toi, imbécile…

Jennifer a pris la défense de sa copine et l'aide à se redresser.

– C'est moi que tu traites d'*imbécile* ? gronde Damien.

Il s'approche de la jeune fille en la fusillant du regard.

– Ça suffit vous deux ! s'interpose Jeff. Nous n'avons qu'un quart d'heure de repos, inutile de perdre votre temps à vous chercher des poux dans la tête.

Damien laisse tomber. Jennifer, dès qu'il a le dos tourné, lui fait un doigt d'honneur.

– Jennifer ! tonne Jeff.

– Ça va... ça va... C'est lui qui a commencé...

– Mais quel âge avez-vous ? À partir de maintenant, je ne veux plus vous voir ni vous insulter ni vous disputer pour des sottises. Puis s'adressant à Lukas : Viens ici s'il te plaît. Tu vas distribuer les en-cas.

Lukas commence par servir Damien.

– Pourquoi lui d'abord ? s'insurge Meriam.

– Typique des mecs entre eux... dit Lisa.

– Tribal, ajoute Jennifer.

– J'ai dit pas de grabuge, les filles ! prévient Jeff.

– Non, mais c'est vrai. Pourquoi on passe après Damien ? demande Lisa.

– Parce que vous êtes des gonzesses. Et les nanas passent toujours après les hommes, assure Damien d'un air entendu.

– Ah ? Parce que t'es un homme, toi ?

Jennifer met ses mains sur ses hanches et défie le garçon d'une moue sceptique ne laissant aucun doute sur ce qu'elle pense.

– Ben… j'avais pas remarqué… ironise Meriam.

Jeff, furibard, attrape son paquetage.

– Eh bien, puisque je vois que vous n'avez pas compris… Nous repartons ! Allez hop ! Sacs sur les épaules ! On va grimper un peu, ça devrait calmer vos ardeurs guerrières.

Restant sourd aux supplications des jeunes, il quitte la clairière sans un regard pour eux.

– Je prends la tête cette fois-ci, lâche-t-il agacé. Damien en queue. Les filles, je ne veux plus entendre le son de votre voix. Vous mangerez et boirez en marchant.

Jennifer arrache des mains de Lukas une barre énergétique, imitée par les deux autres filles. Damien chausse son sac à dos, avant de poser une main sur l'épaule de Lukas.

– Allez, grouille. Ramasse tes affaires et passe devant moi. On aura cent fois l'occasion de les remettre à leur place, t'inquiète…

Lukas obéit, désolé de perdre le quart d'heure de repos dont il aurait eu bien besoin.

– Faut pas se laisser distancer, le presse Damien.

Lukas accélère, mais sent la morsure d'une brûlure entre ses cuisses. Le frottement du pantalon a échauffé la peau. Il marque brusquement le pas, surprenant Damien qui butte contre lui.

– Qu'est-ce qu'il y a ?

– Rien…

Devant eux, les trois filles occupent toute la largeur du sentier et marchent côte à côte.

– On va lui en faire baver à ce minable.

– Compte là-dessus, Lisa. Il va s'en rappeler, je te jure, dit Jennifer.

– Je mettrais bien le feu à sa tente dès ce soir, élucubre à voix basse Meriam.

Après dix minutes la piste commence à monter. Les respirations se font plus sifflantes et l'ascension met un terme aux bavardages. La végétation s'est modifiée. Des taillis d'herbe de plus en plus clairsemés circonscrivent l'étroit chemin emprunté par les randonneurs. Des éboulis pierreux ralentissent la progression et obligent à davantage de prudence. Parfois un cri ou un craquement dénonce la présence d'une vie animale. Jusqu'ici ils n'ont vu de bêtes sauvages que quelques écureuils roux, vifs comme l'éclair, et deux ou trois lapins ont décampé devant eux.

La veille du départ à l'occasion d'un briefing Lukas avait posé une question :

– Est-ce qu'il y a des ours ou des loups dans les montagnes où l'on va ?

– Des loups ! s'était écriée Meriam. Si c'est le cas, faut pas compter sur moi.

– N'importe quoi… Et pourquoi pas des lions et des dinosaures pendant que vous y êtes ? avait plaisanté Jeff.

– T'es certain ?

La sécheresse du ton de Jennifer avait obligé l'éducateur à reprendre son sérieux.

– Bon, puisque ça semble vous préoccuper, je peux vous affirmer que la région des Pyrénées où nous allons n'a plus vu de loups depuis le Moyen Âge. Quant aux ours, je me suis renseigné. Ceux qui ont été réintroduits ne crèchent pas dans le secteur, mais bien plus au sud, près de la frontière espagnole. Les seuls animaux que nous risquons de croiser sont des brebis accompagnées d'un berger et de son chien. Vous êtes rassurés ? D'autres questions ?

Il est treize heures quinze quand ils s'arrêtent pour déjeuner. Jeff a choisi une éminence relativement plate qui domine la vallée. Le panorama est superbe. Le ciel dégagé permet de voir loin à l'horizon. L'éducateur déplie une carte et la pose sur un rocher plat. Il la bloque aux quatre angles avec des pierres.

– Venez, dit-il. On va faire le point et se situer. Je vais vous apprendre à vous repérer. D'abord je vous montre d'où nous sommes partis et où nous sommes actuellement.

– On a faim ! rouspète Damien.

– Après… Les filles, approchez.

L'index de Jeff parcourt la carte, s'arrête où ils ont fait des pauses, puis repart pour aboutir à l'endroit où ils se trouvent.

– Un sacré bout de chemin. Vous pouvez déjà être fiers de vous.

– Et t'es certain de retrouver le minibus au retour ? demande Damien.

– Si on ne le trouve pas, on rentrera à pied…

– Trop marrant, ronchonne Lisa.

– Et voilà où nous dormirons ce soir.

Jeff indique un point sur la gauche de la carte, situé près d'une petite tache bleue.

– On établira notre premier camp près de ce point d'eau. Et si nous n'arrivons pas trop tard, on pourra même pêcher notre dîner.

– Tu veux rire ! s'écrie Lisa.

– Avec quoi ? demande Lukas, à qui l'idée d'une partie de pêche ne déplaît pas.

– J'ai prévu deux cannes pliantes dans mon sac, et tout le matériel nécessaire. Nous n'aurons qu'à trouver des appâts : vers de terre, mouches, asticots, insectes…

– Dégueulasse, grimace Jennifer.

– T'auras qu'à monter les tentes et mettre la table, si t'es trop dégoûtée… Et puis, si tu veux réchauffer mon sac de couchage pour la nuit, t'en prive pas, la provoque Damien.

– Ne recommencez pas, tous les deux !
Jeff replie la carte.
– À table !

Des flammes orangées pourlèchent l'obscurité. Du bois sec a été mis en tas, il servira de réserve et alimentera le foyer au fur et à mesure des besoins. En périphérie de ce feu de camp, l'herbe s'est racornie. Elle forme une tranchée cramoisie qui encercle le brasier. Prisonniers de cet espace calciné, des squelettes chitineux et noircis d'insectes trop lents à la fuite finissent de se carboniser.

Damien et les trois adolescentes sont accroupis, les mains tendues, ils se réchauffent. Le soir venu, la température a chuté d'un coup. La faune a changé de genre. Les cris des animaux se font plus lancinants et percent l'obscurité de leur fulgurance sonore. Les filles jettent de temps en temps des regards apeurés au-delà du cercle lumineux. Les ténèbres alentour ne leur inspirent guère confiance. Damien n'en mène pas large non plus, malgré l'apparente tranquillité qu'il affiche. Il parle un peu trop fort, dans l'espoir de tromper l'angoisse. Il se découvre étranger au cœur de la nuit, invité surprise d'une nature oppressante.

Lukas a attiré Jeff un peu à l'écart, à proximité des quatre tentes. Elles ont été dressées sur un même alignement et espacées d'environ un mètre cinquante les unes des autres.

– Qu'est-ce qu'il y a ? demande Jeff.

– J'ai un problème.

– Quoi ?

– Mes jambes… murmure Lukas.

Comme si la parole ne suffisait pas, il les écarte à la manière d'un cow-boy sur son cheval, les genoux rejetés vers l'extérieur.

– Et alors ? Qu'est-ce qu'elles ont tes jambes ?

– Ça me brûle. J'ai mal. En me changeant tout à l'heure, j'ai vu que mes cuisses étaient à vif à l'intérieur.

– Tu veux me montrer ?

– Non, s'il te plaît…

– OK, j'ai ce qu'il faut, suis-moi.

Il s'éloigne, pénètre à l'intérieur d'une tente et allume une lampe torche fixée au piquet central. Lukas entre à sa suite et patiente, courbé en deux, tandis que Jeff farfouille dans son sac à dos.

– Ah ! Voilà ! (Il en sort une boîte qu'il tend à Lukas. Du talc.) Tu en saupoudres tes cuisses autant que nécessaire. Tu fais gaffe de ne pas la perdre. Demain matin, avant de partir, tu en remettras une bonne couche. Ça devrait t'aider.

Lukas prend la boîte et la tourne entre ses doigts sans l'ouvrir.

– Qu'est-ce que qu'il y a ? demande Jeff.

Le garçon baisse la tête.

– Tu veux que je sorte, c'est ça ?

– Oui, dit Lukas, confus.

– D'accord, mais fais attention de ne pas en mettre partout sur mon duvet.

L'éducateur va rejoindre les filles et Damien qui est maintenant debout. Son ombre projetée décrit un angle à quarante-cinq degrés. Du bout du pied il catapulte une branchette dans le foyer. Elle retombe en plein milieu, provoquant l'envolée d'une nuée d'étincelles crépitantes. Le bois sec s'embrase instantanément.

– Va pas mettre le feu à la forêt !

– Il a un problème, Lukas ? demande le garçon sans se soucier de l'avertissement de Jeff.

– Pas tes oignons…

– À vos ordres, chef ! ironise Damien en se mettant ostensiblement au garde-à-vous.

Jennifer et Lisa ont les avant-bras brûlants d'être restées trop longtemps près des flammes. Elles s'écartent du feu. Seule Meriam demeure accroupie, assise sur ses talons, les mains grandes ouvertes. Elle plie et replie ses doigts, comme pour s'assurer que ses articulations fonctionnent correctement.

– Eh ! Meriam ! Tu rêves ou quoi ?

Jeff frôle du bout des doigts l'épaule de la jeune fille. Celle-ci sursaute et par réflexe balaie l'espace d'un geste brusque du bras, comme pour se défendre d'une agression.

– Pardonne-moi, je ne voulais pas te surprendre.

L'éducateur recule, tandis que Lisa aide Meriam à se redresser. Jennifer lui frotte le dos avec le plat de la main.

– De vraies mères poules... se moque Damien.

– C'est pas tout, mais va falloir préparer le repas, dit Jeff, étouffant dans l'œuf l'amorce d'une nouvelle querelle.

– Sortez les truites !

Un sourire narquois s'inscrit en creux sur les lèvres de Damien. De truites... pas l'ombre d'une écaille.

Quelques heures plus tôt, après avoir monté les tentes et installé le campement, ils étaient partis en repérage à la retenue d'eau.

– C'est pas un lac, avait constaté Lisa, dépitée.

– Pas un étang non plus...

Jennifer croisait les bras dans une attitude outrancière de fausse déception.

– Tout juste une mare... avait commenté Damien, jamais en reste d'une pique.

Lukas était déçu. Ils ne pourraient visiblement pas pêcher dans ce qu'il considérait sombrement comme une vulgaire flaque. C'était compter sans l'obstination de Jeff.

– Je suis certain que des carpes monstrueuses hantent le fond de ces eaux.

– Des carpes ? Pourquoi pas des baleines, pendant que tu y es, avait gloussé Meriam.

– Ouais ! Des baleines à bosse ! avait surenchéri Lisa.

Damien avait secoué la tête, atterré par ce chapelet pitoyable de blagues ringardes.

– C'est nul…

– Alors un rien vous arrête, c'est ça ? s'était étonné Jeff. Moi, je vous garantis qu'il y a de la poiscaille. Et je vous le prouverai. On va commencer par dégoter des vers de terre pour l'amorce et…

– Faut pas compter sur nous ! s'étaient récriées en même temps les trois filles.

– Vous avez raison, c'est un travail pour les garçons. Vous deux avec moi. On creuse dans la boue près de l'eau et on trouve de beaux vers bien gras.

– Génial…

Jeff ne relève pas la raillerie que vient de lui adresser l'aîné des garçons au sujet des truites. Il en faudrait davantage pour le déstabiliser.

– Je vais chercher des boîtes de cassoulet.

Il croise Lukas au moment où celui-ci sort de la tente.

– Ça va ?

– Ça ira.

Pourtant sa démarche témoigne que ça ne se passe pas aussi bien qu'il le prétend. Un peu de talc farde le devant de son jogging qu'il chasse d'un revers de la main.

– T'as des pellicules ou quoi ? le brocarde Damien.

Lukas ignore l'allusion stupide et s'assoit avec précaution par terre, à distance du feu, s'installant de son mieux dans la position du lotus.

– Eh ! Visez un peu le tableau ! Bouddha est parmi nous !

Jennifer ramène ses deux mains jointes devant son visage à la manière indienne.

Lorsque les garçons et l'éducateur sont revenus les mains poisseuses de boue et des vers de terre grouillant entre leurs doigts, les filles ont grimacé.

Ils ont pêché à tour de rôle. À l'exception de Jennifer qui a refusé de se joindre à eux. Ils se sont partagé les deux cannes. Jeff a esché lui-même les vers sur les hameçons, aucun des ados n'ayant voulu s'y essayer, pas même Damien. Pendant ce temps, Jennifer ruminait seule dans son coin, assise sous un arbre.

À la pêche, enfant, elle y allait en été. Chez son oncle et sa tante près de Royan. Solide artisan plombier, il laissait la gamine aux bons soins de son épouse durant la semaine. Le samedi, parfois le dimanche, il l'amenait pêcher au large sur son bateau à moteur. Quand la marée le permettait, ils quittaient le port tôt le matin. Jennifer, encore ensommeillée, avait tout l'air d'un lit défait. Avec ses joues fripées et les lobes de ses oreilles rouges, elle était à croquer dans son ciré jaune et ses bottes en caoutchouc bleu à liserés blancs.

Lisa attrapa l'unique poisson qu'ils pêchèrent. Elle avait poussé un cri suraigu en le sortant de l'eau. Damien s'était précipité et l'avait détaché de l'hameçon.

– Au bas mot, il pèse… vingt grammes.

Il tenait la minuscule bestiole entre son pouce et son index.

– Un suicidé, avait dit Meriam.

– Un condamné, tu veux dire…

Damien avait resserré la pince de ses doigts, faisant jaillir les boyaux par le ventre. Le poisson avait battu de la queue avant de s'immobiliser.

– Pourquoi t'as fait ça ! avait hurlé Lisa.

– Espèce d'idiot ! Tu crois que c'est intelligent ? T'es vraiment…

Jeff avait pris le poisson mort sans se donner le temps d'achever sa phrase. Il l'avait rejeté à l'eau aussi loin que possible. En retombant à la surface, le poisson avait flotté sans se décider à sombrer.

– La pêche est terminée. On rentre. D'ailleurs il commence à faire sombre.

Puis cherchant du regard l'unique absente, Jeff l'avait aperçue assise par terre, un peu en retrait.

– Jennifer ! Oh ! Jennifer ! On s'en va !

À l'aide d'une cuillère, Jeff fait glisser le contenu des boîtes de conserve dans la casserole. Damien craque une allumette, ouvre le gaz du réchaud et avance la flamme. Le souffle provoqué par la combustion l'oblige à retirer vivement sa main.

Lisa et Meriam installent une couverture près du feu de camp. Un large cœur rougeoyant piqueté de flammèches a creusé un cratère en son centre. Lukas apporte les assiettes et les verres en carton. Jeff dépose la casserole sur la grille du camping-gaz et touille afin de répartir les ingrédients.

– On va se régaler !

– Si on n'en meurt pas… chuchote Damien à l'intention de Lukas à côté duquel il s'est assis.

Jeff embroche les guimauves sur des bâtons qu'il a taillés en pointe.

– Chacun sa brochette, dit-il en tendant la première à Meriam.

Le cassoulet, qui au départ n'emportait pas l'unanimité, a finalement été dévoré. Les filles ont englouti leur portion jusqu'au dernier haricot blanc.

– Les balades en montagne forment la jeunesse et creusent les estomacs.

Ce commentaire amusé de l'éducateur est salué par une salve de soupirs agacés.

– On fait quoi avec tes brochettes à la noix ? demande Jennifer.

– Comment ?! Vous n'avez jamais fait ça ?

Jeff donne l'exemple et présente la sienne au-dessus des braises. Les marshmallows enflent et cloquent presque instantanément sous l'effet de la chaleur, suintant un liquide huileux qui s'évapore dans un panache de fumée blanche.

– Il ne faut pas les laisser se carboniser. Ils sont prêts dès qu'ils roussissent et que vous les sentez se tortiller au bout du bâton.

Ces enfantillages consternent Damien. Il a passé l'âge de la colo, des *Youkadi ! Youkada !* et des soirées à la belle étoile à s'époumoner en chœur sur des chansons niaises – le scoutisme à la petite semaine, trop peu pour lui.

– Chouette ! raille-t-il. Et après tu nous fileras un doudou à chacun et au lit, c'est ça ?

Jennifer est la première à imiter Jeff. Meriam et Lisa s'y mettent aussi. Pour Lukas c'est différent. Il jette un regard en biais à Damien, guettant son approbation.

– Fais comme tu veux. Si ça t'amuse… Moi je vais me pieuter.

Damien balance sa brochette dans le feu et accompagne son geste désinvolte d'un ricanement qui se voudrait méprisant. Les guimauves noircissent aussitôt, fondent et se métamorphosent en pépites de carbone. Damien n'a pas l'intention de se laisser prendre à ce petit jeu.

– T'es vraiment un emmerdeur de première… rouspète Lisa.

– Il a le droit de bouder, dit Jeff. Après tout, s'il veut faire sa mauvaise tête et jouer les durs à cuire…

Damien hausse les épaules avant de tourner les talons et de se diriger d'un pas rageur en direction de sa tente.

– Vraiment tous des nazes… lâche-t-il en s'y engouffrant.

Lukas hésite. Il a terriblement envie de goûter aux guimauves grillées, mais d'un autre côté il ne veut pas déplaire à Damien. Sa brochette à la main, il ne sait quelle attitude adopter. Plus jeune, ses parents décidaient pour lui. Quand il prenait une initiative, ça se terminait toujours de la même façon. Une correction. La suée qui inonde son dos est un vestige de cette époque. Confronté à un choix, Lukas est démuni, et l'anxiété fait alors place à une peur incontrôlée.

– Allez, l'invite Jennifer, tu vas pas te priver pour ce couillon ? (Elle fait glisser une guimauve entre ses dents, lèvres écartées pour ne pas se brûler.) Wouah ! C'que c'est chaud !

Lisa en avale déjà une, tandis que Meriam préfère laisser les siennes rôtir un peu plus longtemps.

– Je suis vanné, soupire Jeff. Je file au lit. Vous avez décidé qui dort seule ce soir, les filles ?

Les deux garçons partagent la même tente. Jeff a la sienne. En restent deux pour trois filles.

– C'est moi, dit Lisa. Demain ce sera le tour de Jennifer. On a tiré au sort.

Les deux autres acquiescent tout en mâchouillant des marshmallows. L'odeur mêlée de sucré et de brûlé caramélise agréablement les narines.

– Parfait. Alors bonne nuit à tous.

Jeff vérifie que le feu ne risque pas de se propager au cours la nuit, puis s'éclipse.

– On y *go* nous aussi ? demande Meriam.

– Je te suis. Nuit bonne ! lance Jennifer.

Les deux filles disparaissent l'une à la suite de l'autre à l'intérieur de la canadienne. Elles se mettent illico à bavarder et à rire.

– Salut !

Lisa abandonne Lukas près du feu. Elle prend soin de refermer derrière elle la fermeture Éclair de sa tente.

– T'attends quoi, Lukas, pour venir au pieu ? La fin du monde !

La voix de Damien provient de sous la tente.

Que faire de la brochette ? Lukas retire les quatre guimauves. Les enfourne dans sa bouche. Les bajoues gonflées comme celles d'un hamster, il tente en vain de les mâcher, manquant de s'étouffer. Une quinte de toux l'oblige à recracher l'amalgame.

– Tu prends racine ?

La tête de Damien apparaît hors de la tente. Les cheveux en pétard. Le regard mauvais.

– T'es vraiment crado, mon cochon ! Voilà ce qu'on gagne à manger ces saletés... Allez, rentre, je suis crevé. Et s'il te plaît, essuie-toi la bouche.

La tête disparaît.

Du bout du pied, Lukas pousse dans les cendres encore rougeoyantes les marshmallows à moitié mastiqués. La pâte visqueuse colle à sa chaussure. Il se baisse et, à l'aide d'une touffe d'herbe qu'il arrache, la décolle de son mieux.

Soudain un grognement rauque tétanise le garçon dans la position où il se trouve. Ce cri étrange se répète une fois encore. Il semble provenir de partout et de nulle part à la fois. Comme s'il était la voix de la montagne. Lukas a l'impression que la forêt se racle la gorge. Pris de panique, il se lève d'un bond et se précipite à l'intérieur de la canadienne des garçons. Il entre violemment en collision avec Damien.

– Eh ! T'es dingue !

Lukas s'est affalé sur lui. Damien le repousse et tous les deux restent sur le dos, haletants. Le silence qui s'ensuit ferait presque aussi mal qu'une otite.

– C'était quoi ce bruit ? finit par demander Damien.

– J'sais pas.

– Si t'as voulu me jouer un sale tour, tu ferais mieux de me le dire…

Damien pivote sa tête de droite à gauche afin de s'assurer que ses cervicales sont indemnes. Ses jambes. Son bassin. C'est aussi un moyen pour lui de calmer les battements de son cœur.

– C'était pas moi, se défend Lukas.

– Bon, on dira ça…

Les deux garçons se taisent à nouveau, à l'écoute de la montagne. Quelques secondes plus tard ils se glissent dans leur duvet. Damien éteint la lampe de poche qui leur sert de veilleuse.

– Bonne nuit, dit Lukas.

– Ouais, c'est ça… T'avise pas de recommencer…

– Mais…

– Ferme-la.

De son côté, Jeff n'a rien entendu. Sitôt allongé, il s'est mis à ronfler. Meriam et Jennifer dorment aussi. Épuisées par cette première journée de randonnée, elles n'ont pas demandé leur reste, laissant rires et paroles se tarir d'eux-mêmes.

Lisa a entendu. Cris et hurlements, elle en connaît un rayon, ainsi que les images qui vont avec. Quitter ce monde par trop réel. S'abstraire d'une existence qui la terrifiait. Lisa préférait encore ses monstres à ceux de tous les jours. Aux parents. Aux gens. À la prétendue vie « normale ». Elle s'était alors mise à boire de l'alcool le week-end. En cachette. Dans l'urgence. Une époque qui lui semblait lointaine, mais dont le souvenir la hantait encore.

Les ronflements de Jeff lui parviennent lointains et étouffés. Elle se laisse bercer par eux. Yeux ouverts, Lisa attend. Depuis sa désintoxication, le sommeil est peut-être ce qu'elle a le plus de mal à reconquérir, mais elle a appris à être patiente. Pas le choix.

Dehors, sur sa gauche, longeant la toile de la canadienne, une souris ou un autre petit animal galope. Lisa l'imagine. Imagine la forêt. Imagine le ciel étoilé. S'imagine au milieu de tout ça.

Tard dans la nuit, elle s'endort enfin.

Jour deux

L'aube. Le ciel vire en quelques minutes du gris délavé au mordoré. L'amplitude des températures entre la nuit et le jour naissant engendre une chape de brouillard. Une mousseline légère et gazeuse flotte à environ un mètre du sol. La forêt semble attendre un signal. Elle se prépare à l'éveil. Une quiétude règne, étrangement ouatée.

Jeff est accroupi près du feu éteint. À l'aide d'un bâton, il remue les cendres froides. Elles se sont agglutinées en une espèce de bouillie visqueuse. Jeff affectionne particulièrement ces instants d'intense solitude. La tête à hauteur de la nappe de brouillard, il s'en nourrit. La hume. S'emplit les poumons de sa fraîcheur humide et de son odeur d'humus.

Les jeunes dorment encore. Des toux et des éternuements indiquent qu'ils ne vont pas tarder à faire leur entrée en scène. Jeff touille la marmelade de cendres et réfléchit, le regard dans le vide.

Dès qu'il s'est approché du feu de camp, il a remarqué les traces. De longues traînées entrecoupées. Le centre du foyer a été fouillé, retourné et creusé. Un animal. Un sanglier à la recherche de nourriture. Une grosse bête en tout cas. Une empreinte partielle, mais bien distincte et profonde, l'intrigue. L'éducateur n'arrive pas à déterminer à quelle espèce elle pourrait bien appartenir.

Les premiers rayons du soleil inondent le ciel. Étrangement ses soucis disparaissent. Il se sent transporté par ce maelström matinal. Par jeu ou peut-être par nécessité, il ne peut s'empêcher de pousser un cri de joie.

– Oh, Jeff ! T'as pété les plombs ?

Damien en short, les cheveux embrouillés et se grattant l'entrejambe est une vision qui à elle seule fait redescendre sur terre l'éducateur. Cette réalité triviale déclenche chez lui l'amorce d'un fou rire.

– Je ne t'ai pas entendu, s'excuse-t-il, se forçant à se maîtriser pour ne pas vexer le garçon.

– Faut dire qu'avec le nez en l'air et les fesses à ras du gazon t'étais trop occupé à hurler à la lune. Tu joues à quoi, au loup-garou ?

Jeff se relève et lance dans les cendres mouillées le bâton qu'il tenait à la main.

– Je réfléchissais à ces traces…

Il indique d'un mouvement du menton les stigmates dans le sol.

– Ouais, et alors ? demande Damien en s'approchant.

– Rien… T'occupe. Une bestiole quelconque. Pour l'instant, tu devrais aller t'habiller. Tu vas attraper la crève, à moitié à poil.

– Je vais d'abord pisser, si tu permets.

Damien file au pas de course en direction d'un bosquet d'arbres et disparaît derrière l'un d'eux.

– Les autres dorment encore ! crie-t-il.

– Non, je ne pense pas. J'ai même l'impression qu'ils ne vont pas tarder à nous rejoindre.

Comme pour donner raison à Jeff, les trois filles font leur apparition. Elles ont enfilé leurs survêtements sales et attaché leurs cheveux en queue-de-cheval derrière leur tête.

– Pourquoi vous criez ? demande Jennifer.

Au même instant, Damien est de retour, rajustant son short à la taille.

– C'est moi… Je pissais.

– Élégant et raffiné, comme d'habitude, observe Lisa.

– À ton service.

Lukas émerge après avoir passé une nuit inconfortable, assailli par les bestioles, dévoré par les araignées et tourmenté par des cauchemars.

– Ça va ? s'inquiète Jeff, constatant la mine défaite du garçon.

Lukas grogne une réponse indistincte. Ses cuisses le cuisent horriblement. Il retourne à l'intérieur de la tente se saupoudrer de talc.

– Bon, eh bien puisqu'il ne manque personne, dit l'éducateur, je vais préparer le petit déj'. Damien, tu t'habilles, puis tu vas récupérer le réchaud et tu me l'amènes. Les filles, vous démontez vos tentes. On part dans une demi-heure, nous n'avons pas de temps à perdre. Lukas vous aidera dès qu'il sera prêt. Eh Lukas ! Grouille ! Tu donneras un coup de main aux filles !

Le sentier est étroit. Des feuilles jaunies tapissent le sol. Il faut être attentif à ne pas glisser dessus. Les sacs à dos semblent peser plus lourd que la veille. Le petit groupe s'est scindé en deux. En tête, les filles ont pris la direction des opérations. Un espace d'une vingtaine de mètres les sépare des garçons. Jeff, à l'arrière, les pouces fichés dans les sangles de son sac, veille au grain. Il a donné ses instructions avant de lever le camp. Ils marcheront trois heures puis s'arrêteront trente minutes, le temps d'une pause.

– Ici, avait-il dit en désignant un point sur la carte qu'il venait de déplier, on bifurquera. Nous ne suivrons plus le chemin balisé. On traversera la forêt en coupant par là, pour aboutir à cet endroit précis.

Son doigt avait suivi une ligne de courbure qui obliquait sur la gauche.

– On va pas se paumer ? avait demandé Damien.

– C'est pas le Sahara. Et puis il n'y a que trois ou quatre kilomètres de distance. On installera notre camp de base par là.

Une ligne bleu ciel coupait en largeur l'emplacement indiqué. Elle franchissait de part en part une tache verte symbolisant une zone de forêt plus dense.

– Comme vous le voyez, il y a une rivière. J'ai choisi ce coin parce qu'il me paraissait idéal. Nous y serons au début de l'après-midi si nous ne traînons pas. On s'installera, puis on visitera les alentours avant la nuit. Demain on rayonnera en étoile.

– On pourra pas se reposer un peu ?

Lisa était angoissée à l'idée de crapahuter des kilomètres et de remettre ça l'après-midi.

– T'auras le temps de te reposer une fois rentrée au Centre.

Jeff avait replié la carte et ils étaient partis.

Meriam se porte en tête. Elle en a assez des bavardages ininterrompus des deux autres. Lisa et Jennifer n'ont cessé de cancaner depuis le départ. À force, la litanie continue de leurs voix a fini par agacer la jeune fille.

Depuis ce matin, la nature ne lui semble plus aussi hostile. L'habitude de se mouvoir dans cette luxuriance végétale a fait que ses sens se sont aiguisés. Elle parvient à distinguer davantage de détails. Les bruissements de la forêt lui sont plus familiers. Elle se prend à suivre de branche en branche la course d'un oiseau, à repérer un campagnol, la tête hors de son trou, son museau et ses vibrisses, telles de minuscules antennes transparentes. À éviter de marcher sur une araignée en équilibre sur sa toile emperlée de gouttes de rosée et à faire un pas de côté pour ne pas écraser une scolopendre en travers de sa route. Un nouvel univers et de nouvelles sensations à apprivoiser.

– On resserre la file ! crie Jeff, voyant l'écart augmenter entre le groupe des filles et celui des garçons.

Lukas et Damien allongent le pas, éperonnés dans le dos par la présence insistante de l'éducateur.

– T'as pas entendu, hier soir ? demande Lisa.

– Quoi ?

– Ces cris dans la montagne…

Jennifer secoue la tête.

– Allez, on accélère. Ça leur fera les pieds, dit-elle.

Elles rejoignent Meriam.

– Et toi, Meriam, t'as entendu les hurlements hier soir en te couchant ? C'était bizarre…

– Des hurlements ? Non. T'es sûre que t'as pas rêvé ?

Lisa n'insiste pas. Elle ne veut pas passer pour une dingue auprès de ses copines. Elles continuent d'avancer d'un bon pas, distançant toujours plus les garçons.

– Les filles ! Moins vite ! ordonne en vain Jeff.

Damien s'aperçoit bientôt qu'elles les sèment volontairement.

– Si elles veulent s'amuser à ce petit jeu…

D'un coup de reins, il embraye au pas de course et a vite fait de les rattraper, de les doubler et de disparaître au détour d'un virage.

– On le suit ? demande Lisa.

– Laisse tomber, dit Jennifer. On va pas se bousiller la santé pour cette andouille. S'il veut faire son intéressant, qu'il le fasse. De toute façon, faudra bien qu'il nous attende un peu plus loin. Non, au contraire, ralentissons.

Une longue ligne droite après le virage, mais Damien reste invisible. Soit il a détalé et pris de l'avance sur le groupe, soit il se cache quelque part.

– Damien ! appelle Jeff. Oh ! Damien ! On va pas te chercher longtemps, mon vieux !

Il donne l'ordre de s'arrêter et de se rassembler. Lukas s'assoit sans attendre par terre, jambes écartées. S'il n'y avait pas de témoins, il se talquerait à nouveau les cuisses. L'échauffement, qui l'a laissé tranquille jusque-là, le fait à nouveau souffrir.

– Damien, bon sang ! Ça suffit maintenant ! Reviens ici, tu nous retardes !

Cette fois, Jeff a hurlé.

Jennifer et Meriam sont debout, adossées contre un arbre, Lisa en face d'elles. Jennifer mâchouille un brin d'herbe. Meriam tend l'oreille, à l'affût d'un bruit qui dénoncerait la présence de Damien.

– C'est vraiment le roi des emmerdeurs, lâche Lisa.

– Faut avouer que vous faisiez exprès de nous semer, dit Lukas, assis un peu en retrait au milieu du sentier.

– On te cause pas à toi ! rétorque Jennifer en le fusillant du regard.

– Ça suffit ! Vous ne croyez pas que ça commence à bien faire, vos histoires... Et passablement énervé, Jeff crie : Damien, si t'es pas là dans une seconde, je te botte les fesses !

S'il ne tenait qu'à Jennifer, elle planterait là Damien et continuerait sans lui. Bon débarras.

– On fait quoi ? demande Lukas.

– Vous, vous ne bougez pas d'ici. Je m'en vais le ramener dare-dare.

Jeff jette son paquetage par terre, quitte le chemin et pénètre dans la forêt.

– Je reviens...

Au début c'est amusant. Les voir le chercher partout et Jeff lui crier après. Damien s'est caché un peu plus haut, en retrait, à l'abri d'un talus couvert d'une végétation pelée. Quand l'éducateur détale dans les bois, lancé à sa poursuite, le garçon ne peut s'empêcher de ricaner : « L'imbécile, exactement à l'opposé d'où je me trouve… » Il le voit s'enfoncer dans un taillis d'arbres, repoussant les branches avec les bras.

Il ne faut pas trop le chatouiller, Damien. Il déteste qu'on se moque de lui. Les crasses, il préfère s'en charger. Les filles n'avaient qu'à pas les prendre pour des cloches. D'ailleurs, cette randonnée commence à lui sortir par les trous de nez. Qu'est-ce qu'il fait là, avec cette bande de minables ? Ne parlons pas de Lukas. Un avorton. Un trouillard. Une chiffe molle. Faudra un jour qu'il lui colle une bonne rouste pour lui apprendre la vie, la vraie. Avec des bleus sur le corps. Des bleus qui déteignent sur l'âme. En attendant, qu'ils le cherchent. Ça leur fera les pieds ! Lui va se reposer. Y en a par-dessus la tête de crapahuter. On n'est pas à l'armée, bon sang !

Damien s'assoit sur un monticule terreux, se débarrasse de son sac à dos, puis masse les muscles à hauteur du cou. Sous ses doigts roulent des boules dures et tendineuses. Des décharges électriques remontent jusque derrière ses oreilles. Ça va durer combien de temps cette affaire ?

Demain. Et après-demain. Un calvaire. Il s'essuie le front. La nuque.

– Damien !

– Damien !

Ce sont les voix de Meriam et de Lisa. Elles l'appellent. Peuvent toujours s'égosiller. Il ne leur fera pas le plaisir de se montrer. Se cacher. Disparaître pour ne plus être embêté. Fuir les ennuis. Il n'en est pas à son premier essai.

Il était en classe de français, en sixième. Il avait redoublé son CM1 après la mort de sa mère.

Le principal avait frappé à la porte et était entré.

– Damien Carleson, si tu veux bien me suivre.

Le garçon s'était levé sous les regards interrogatifs des élèves. Damien avait fermé les yeux. S'extraire à n'importe quel prix. Même au risque de se prendre les pieds dans un cartable et de s'étaler de tout son long. Il avait franchi sans les rouvrir la courte distance qui le séparait de la sortie – à l'aveuglette.

Dans le bureau du chef d'établissement, un homme en costume noir l'attendait. Il puait la cigarette. Mais le pire était l'odeur de la peur du garçon. Elle transformait l'atmosphère en un gaz acide.

– Damien Carleson ? avait demandé l'homme.

– Non.

L'homme avait soulevé les sourcils et froncé le nez.

– Ne fais pas l'idiot, Damien, avait dit le principal.

Mais lui savait qu'il ne fallait pas être Damien Carleson à ce moment-là. L'admettre, c'était déjà avouer un crime. Le plus terrifiant était qu'il ignorait lequel. Ou ne le savait que trop. Alors, Damien avait envoyé le pointu de son pied dans le tibia droit de l'homme. De toutes ses forces. En remontant vers le haut, si possible pour arracher la peau. Ce dernier avait poussé un cri et s'était plié en deux pour se frotter la jambe.

– Il est dingue, ce môme !

– Je suis désolé, inspecteur, s'était excusé le principal.

L'homme avait harponné sans ménagement le bras du garçon. Sa poigne faisait mal. Il l'avait attiré vers lui. Son visage à quelques centimètres du sien. Damien voyait les poils dans ses narines. Le jaune des dents sous les lèvres retroussées.

– Écoute-moi bien, petit. Je vois que tu as de qui tenir. Tel père tel fils… C'est ça, hein ? Tu vas me suivre jusqu'au commissariat sans faire d'histoires. Ton père y est. On l'a arrêté ce matin. Une assistante sociale t'attend. Fini la vie de château…

– D'accord. Mais lâchez-moi, vous me faites mal.

L'inspecteur avait desserré son étreinte. Damien avait frictionné son avant-bras endolori, remarquant que la fenêtre du bureau était ouverte. Rez-de-chaussée. Pas de risques. D'un bond il l'avait enjambée.

Damien ne voit rien venir. La poussée qu'il reçoit l'envoie valdinguer deux mètres plus loin. Il n'a pas le temps de se relever que son sac à dos atterrit sur le sommet de son crâne. Instinctivement il se roule en boule. Prêt à encaisser les coups. Ne sachant plus très bien où il est. Et soudain les filles et Lukas sont autour de lui.

– Espèce de…

Jeff serre les dents et ne termine pas sa phrase, devant prendre sur lui pour se contenir. Même s'il s'en veut d'avoir brusqué le garçon, il l'a bien mérité. Une demi-heure qu'il lui court après.

– Debout ! hurle-t-il. Je ne sais pas ce qui me retient…

Damien obéit. La rage au ventre.

– Et moi donc, crache-t-il.

– Toi, quoi ?

Jeff sait qu'il ne doit pas le laisser prendre le dessus, sinon il deviendrait ingérable. D'un autre côté, il ne faut pas l'humilier devant ses camarades.

– Tu ramasses ton sac et on repart. Si tu t'avises de recommencer tes âneries, je te largue en pleine forêt et tu te débrouilles pour rentrer seul…

– Chiche.

Les filles se régalent de l'embrouille. Intérieurement elles parient sur celui qui sortira vainqueur de la confrontation et Jeff l'emporte à l'unanimité.

– Basta ! tranche l'éducateur. En route !

Il redescend au petit trot jusque sur le sentier. Reprend son sac et part sans se retourner.

Les trois filles lui emboîtent le pas. Elles n'ont aucune envie de se retrouver en pleine forêt sans leur guide.

– Match nul, lâche Damien en ramassant son paquetage.

– Ouais, vraiment nul… acquiesce Lukas.

Le coup d'épaule qu'il reçoit en pleine poitrine lui coupe la respiration.

– On t'a rien demandé !

Ils ont quitté le sentier balisé. Carte en main, Jeff trace la route à travers la forêt dense. La pente est parfois rude. Les jeunes doivent user de toutes leurs forces pour la gravir. Batailler avec les épineux qui accrochent leurs vêtements. Réajuster les sacs à dos. S'affranchir de la souffrance physique, d'une respiration haletante, de l'envie lancinante de tout plaquer, d'envoyer paître l'éducateur et de s'asseoir pour ne plus bouger – jamais. Jeff n'a cessé de presser le pas. En montagne, le temps est comparable à un battement de cœur. L'urgence est permanente. La lumière est plus diffuse dans ce *no man's land* végétal, et la forêt semble se refermer sur eux et vouloir les digérer. Toujours prendre la direction du nord. Se fier à la mousse sur les pierres et au pied des arbres. Elle indique la bonne direction. À vue de nez il leur reste environ deux kilomètres avant d'atteindre la rivière, leur camp de base.

Depuis l'incident, personne n'a bronché. Damien s'est installé en queue de peloton. Lukas marche les jambes de plus en plus écartées. Jeff s'en est aperçu et s'en occupera en arrivant. Jennifer et Lisa soufflent comme des forges. Elles n'en peuvent plus mais n'en disent rien, elles serrent les dents et avancent. Meriam est la plus fraîche des cinq.

– On arrive bientôt, courage ! lance Jeff pour les réconforter.

Jennifer hausse les épaules. Elle est éreintée. Au bord de l'évanouissement. On ne l'y reprendra pas. « On arrive bientôt », encore un mensonge. On lui a tellement menti. On l'a si souvent trompée.

À chaque enjambée, Lisa a l'impression que ses genoux vont céder. Elle aimerait bien faire une pause, mais n'ose pas réclamer. Après la

« sortie » de Damien, inutile d'en rajouter. Boire la coupe jusqu'à la lie. « Bientôt… » répète-t-elle, songeuse. Elle lève la tête pour vérifier où se trouve Jeff – il est devant, à une dizaine de mètres.

Plus en amont, elle aperçoit une forme. Une ombre massive. Fugitive. Mouvante. Autour d'elle les feuillages s'animent, comme aspirés. Ça ne dure qu'une fraction de seconde. Peut-être entend-elle aussi un craquement de branches mortes. Comment savoir dans cet enfer vert ?

– Là-bas ! s'époumone Lisa.

Elle tend le bras pour indiquer une direction.

– Quoi ? demande Jeff.

Il s'est retourné vers elle. Les mains sur les hanches. La respiration saccadée.

– Il y avait quelque chose… Tu n'as pas vu ? insiste Lisa.

– Quelqu'un a vu ce « quelque chose » dont parle votre camarade ?

Ils se sont tous arrêtés. Un moment de répit bienvenu. Une halte opportune.

– Bien joué, ce coup-là, glisse Jennifer à l'oreille de Lisa.

– Alors ? s'impatiente Jeff.

– T'as vu quoi ? demande Meriam.

Elle scrute le sous-bois. Plisse les yeux mais ne distingue rien d'anormal.

– Je sais pas. C'était…

– C'était du flan pour qu'on se repose, coupe Jennifer. Et c'est pas de refus.

Damien est en retrait et ne participe pas à la discussion. Il n'a toujours pas digéré l'intervention musclée de Jeff. Quant à Lukas, il ne voit rien, ne pense plus, n'entend plus. Ses cuisses menacent de prendre feu. Jamais il n'aurait pensé qu'on pouvait se consumer de cette façon-là. Même les jambes arquées, la brûlure continue de le torturer. Un supplice.

– Bon… Tout le monde a soufflé ? reprend Jeff. Tant mieux. Merci Lisa, mais il suffisait de demander une pause plutôt que d'inventer n'importe quoi.

– Mais j'ai vu quelque chose !

– Lâche-lui la grappe, Jeff. Si elle a vu un truc, c'est qu'elle l'a vu, prend sa défense Jennifer.

– OK. Au temps pour moi…

Jeff repart, entraînant dans son sillage les cinq ados.

– Lisa, si tu vois le père Noël, dis-lui qu'il est en avance de quatre mois, ironise-t-il.

Il écarte une ronce qui barre le passage et l'enfonce dans le sol avec le talon de sa chaussure.

– Très drôle, grogne Lisa.

Entre les chênes coule une rivière. Des lambeaux de ciel se reflètent à la surface de l'eau vive. La crinière des nuages s'effiloche dans le miroitement du courant.

Ils ont dévoré. Assis en cercle à l'endroit où Jeff a décidé qu'ils planteraient leurs tentes. Les ados se sont jetés sur le pique-nique improvisé. La faim tenaillait les ventres. La moitié des réserves de chips et de saucisson a été engloutie. Les filles ne se sont pas montrées les moins voraces. Au dessert : trois tablettes de chocolat.

Ils sont arrivés sur place vers quatorze heures. Fourbus, les articulations douloureuses, les épaules en compote et les pieds endoloris. Jeff a compris qu'il était inutile d'envisager une excursion supplémentaire. Ils passeraient la fin de la journée à recouvrer des forces pour les raids en étoile du lendemain.

D'où ils se trouvent, ils aperçoivent la rivière. Ce n'est sûrement pas un fleuve. Juste une percée liquide à travers les roches et les arbres. Le bourdonnement de son cours alimente la rumeur. C'est un flot continu auquel, par force, on s'habitue.

– J'ai une idée… Et si on faisait trempette ? Je crois que ça nous délasserait et que ça soignerait nos petits bobos, non ? Qu'est-ce que vous en pensez ?

Les filles se regardent comme si Jeff venait de proférer une énormité.

– L'eau doit être glaciale ! s'écrie Lisa.

– Carrément le pôle Nord, tu veux dire ! ajoute Jennifer.

Damien n'est pas contre. À la piscine il est le meilleur nageur de sa classe. On lui a proposé d'intégrer le club de natation. Il a refusé. La compétition, il n'aime pas. Recevoir des ordres, s'épuiser sur des longueurs de bassin pendant des kilomètres, non merci, très peu pour lui.

– On n'a pas pris nos maillots.

– Aucune importance, on se baignera en sous-vêtements, dit Jeff. Allez, venez, on va se marrer !

– Pourquoi pas ! s'enthousiasme Meriam.

À Bordeaux, dans le foyer où elle avait été placée par un juge des mineurs, les éducateurs conduisaient les pensionnaires à la piscine un mercredi après-midi sur deux. Ils y passaient une heure et demie à nager, à plonger et à pratiquer le water-polo.

Montrant l'exemple, Jeff se lève et entreprend aussitôt de se déshabiller.

– Strip-tease ! s'amuse Lisa.

– On en a envoyé en taule pour moins que ça… prévient Jennifer.

– Allez, faites pas vos mijaurées. Les dernières à la baille seront de corvée de bois ce soir.

Bientôt en caleçon, l'éducateur retire ses chaussettes puis court vers la rivière, pieds nus, comme s'il marchait sur des œufs.

– Je suis sûr qu'elle est bonne !

– N'importe quoi… ronchonne Damien.

– J'y vais aussi !

Meriam retire son survêtement, se retrouve en culotte et soutien-gorge et ne tarde pas à rejoindre Jeff. Celui-ci marque prudemment le pas en arrivant au bord de l'eau. D'un orteil circonspect, il teste la température.

– Super !

Quinze degrés au mieux… mais il sait que ce n'est pas le moment de flancher. L'éducateur y pénètre jusqu'aux genoux. Sa peau se rétracte sous l'effet du choc thermique. Ses orteils crochètent le sol vaseux. Un nuage d'alluvions olivâtre entoure ses mollets.

– Vous allez le regretter ! assure-t-il à ceux qui sont restés au sec, espérant être suffisamment crédible pour les convaincre.

Meriam saute à pieds joints dans l'eau, éclaboussant Jeff au passage. Chaque gouttelette qui le percute est comme une aiguille qu'on lui enfonce dans le corps. La contraction soudaine et spontanée de ses abdominaux est presque douloureuse.

– Ah ! La vache ! s'écrie Meriam. C'est un glaçon !

– Un peu de courage, sinon les autres ne viendront pas…

Lisa et Jennifer s'approchent des baigneurs. Elles n'ont pas encore décidé si elles vont tenter l'expérience, attendant de voir s'ils virent au bleu.

– Tu fais quoi ? demande Damien à Lukas.

Il aurait envie de se joindre à Jeff et à Meriam, mais il estime que ce serait un signe de faiblesse après l'altercation de tout à l'heure. D'un autre côté, faire la tête c'est aussi s'enfermer dans des gamineries qui ne sont plus de son âge. Voyant que Lukas ne répond pas, il se désape, balance ses habits à la volée et se retrouve en slip. Il tire sur l'élastique. Rajuste l'entrejambe et se lance vers la rivière.

– J'arrive ! hurle-t-il.

Sans précaution il plonge. Le froid lui coupe la respiration. Il jaillit hors de l'eau tel un ressort. Le visage rouge. Des picots sur tout le corps.

– Mais c'est pas vrai ! Elle est gelée, cette flotte !

Jeff plonge à son tour. Quand il émerge, son épiderme a pris une belle couleur violette.

– Tu veux rire, elle est super bonne, ment-il, serrant les mâchoires pour ne pas claquer des dents.

Meriam tente une immersion, mais s'arrête dès que la morsure de l'eau atteint ses hanches.

– Je crois que je ne vais pas aller plus loin…

Jennifer et Lisa optent pour la prudence et s'assoient dans l'herbe. Elles observent les inconscients folâtrer dans une eau à leur avis plus en rapport avec le cuir d'un phoque que celui d'un être humain.

– Joker, dit Jennifer. Je ne suis pas une cuisse de dinde congelée.

Jeff les éclabousse et les deux filles reculent de quelques dizaines de centimètres. L'éducateur est satisfait. Il a réussi à recoller les morceaux. Ce qui valait assurément un bain pour le moins tonique.

– Vous êtes des dégonflées ! lance-t-il.

– T'en fais pas, lui répond Jennifer, ce soir on s'occupera de vos pneumonies.

– Et il y aura des médailles pour les survivants, promet Lisa.

Lukas n'a pas bougé. Il n'a pas l'intention de se baigner. Il ne sait pas si l'eau est une bonne chose pour son échauffement des cuisses.

La rivière reluit sous l'éclat argenté du soleil encore chaud de septembre. En aval, dans la pente et par endroits, des affleurements de schiste hachurent le relief. Jeff, Meriam et Damien se sont habitués à la température de l'eau. Plus un seul ne songe à en sortir. Jennifer et Lisa papotent dans leur coin. De temps à autre elles houspillent les baigneurs. À les voir si à l'aise, elles regrettent leur frilosité. Lukas s'est endormi. Sa tête repose sur un sac à dos en formant un angle bizarre.

Jour trois

Lisa vérifie l'heure à sa montre. Des rayons lunaires éclairent faiblement l'intérieur de la tente. Une heure trente du matin. À côté d'elle la respiration tranquille de Meriam, enfouie sous son duvet d'où ne dépasse qu'une touffe de cheveux noirs et hirsutes. Lisa s'extirpe de son sac de couchage. Doucement. Elle ne veut pas réveiller sa voisine. À quatre pattes elle se faufile, puis fait glisser la fermeture Éclair de la tente. Les deux parties de la toile s'écartent. Des gouttelettes de condensation s'unissent et forment une rigole qui s'écoule sur le sol.

Dehors, elle se redresse, enfile le pantalon de son survêtement, ainsi que le pull qu'elle a pris soin d'emmener avec elle, frissonne, croise les bras sur sa poitrine, ses mains sous les aisselles. L'air frais qu'elle inspire lui brûle les poumons.

La veille jusqu'à tard dans la soirée ils avaient alimenté un grand feu de camp. Damien s'était chargé de récupérer du bois mort. Jeff avait monté les tentes avec l'aide des filles, tandis que Lukas se remettait d'un douloureux torticolis attrapé en siestant la tête de travers sur un sac.

– Pose le maximum de branches ici, avait dit Jeff en désignant l'endroit. On va faire un feu du tonnerre de Dieu.

Ils avaient préparé le repas et mangé autour du feu dont les flammes montaient haut dans le ciel.

La baignade s'était éternisée, l'obscurité menaçait quand Jeff, Meriam et Damien étaient sortis de l'eau, épuisés mais heureux. Leur humeur s'était diamétralement modifiée, passant au beau fixe. L'éducateur avait enfin trouvé le bon tempo. Les jeunes semblaient délivrés d'un poids et parlaient plus librement. L'agressivité avait disparu, faisant place à un chahut bon enfant.

Au bord de la rivière, Lisa observe des anneaux se dessiner à la surface de l'eau. Dix, vingt, trente cercles concentriques. C'est étrange la nature. Complexe. Ce n'est jamais comme on souhaiterait qu'elle soit. Lisa s'accroupit. Au-dessus d'elle le ciel est un mélange de gris et de bleu foncé. *La couleur d'une rage de dents.* Elle sourit, heureuse d'avoir trouvé cette formule.

Elle lance une pierre dans la rivière, ferme les yeux et se concentre sur les bruits de la forêt.

Après le repas, Jeff avait lancé la discussion. S'il connaissait les histoires personnelles des pensionnaires du Centre, en revanche il était très rare que ceux-ci se livrent sans fard. Les relations étaient fondées sur la rumeur, les fanfaronnades et les mensonges, comme s'ils gardaient jalousement le secret des événements qui les avaient conduits dans une institution spécialisée.

Sans intention de les faire s'épancher, Jeff leur avait tendu une perche. « À votre âge, j'avais l'impression que les adultes n'étaient pas de la même espèce que moi », avait-il dit. La lueur des flammes léchait les visages. Des insectes attirés par la lumière se consumaient en plein vol dans un grésillement sans cesse renouvelé. Damien jouait avec une branchette à moitié carbonisée. Meriam inspectait ses ongles. Les braises rougeoyantes hypnotisaient Jennifer et Lisa. Lukas se massait la nuque, encore raidie par le torticolis. Quelques secondes s'étaient écoulées sans que personne ne parle. « Moi, avait soudain dit Damien, les adultes me gonflent. »

La discussion était lancée. Meriam avait été la plus franche. Son frère. Ses parents disparus. Son questionnement sur ses origines, entrecoupé par les commentaires qui se greffaient à son histoire pour en gonfler le cœur. S'entremêlaient les expériences, les destins. La tresse des récits racontait une aventure unique – la leur.

– Vous avez de la chance…

– Ben voyons ! s'était écriée Jennifer.

– Vous avez de la chance, avait repris Jeff, parce que vous êtes nourris d'une expérience que la majorité des gens n'auront pas, même s'ils vivaient cent cinquante ans. Croyez-moi, ce sont vos différences qui font votre richesse. Quand je vous vois, ici ou au Centre, je sais que vous êtes des gens plus intéressants et plus prometteurs que beaucoup. Vous êtes en quelque sorte les héros de votre propre existence.

Un silence. Que répondre à ça : des « héros » ? Pourtant l'image leur plaisait. Ce n'était pas tous les jours qu'on les considérait comme des êtres exceptionnels. La routine, c'était davantage la dévalorisation et le dénigrement. Eux-mêmes se considéraient la plupart du temps comme des ratés. On le leur répétait assez souvent. Rarement ils éprouvaient le sentiment d'être utiles, ou même « normaux ». Pas simplement des « cas sociaux ». Des « nazes ». Des « blaireaux ». Des « accidents de la nature ».

Damien s'était levé d'un bond, surprenant tout son monde. Il s'était mis à courir autour du feu de camp, genoux à hauteur de la poitrine, les bras au-dessus de sa tête rejetée en arrière.

Une danse du scalp. D'abord par dérision, ensuite pour cacher son embarras. L'explication de Jeff le gênait. Elle l'intimidait aussi. « Je suis un héros ! Je suis un héros ! » criait-il en gesticulant comme un possédé.

Tous l'imitèrent bientôt, et ils dansèrent jusqu'à tomber par terre d'épuisement. Si ce n'était pas une forme du bonheur, ça y ressemblait sacrément.

Elle rouvre les yeux et se relève. Ses genoux craquent. La rivière coule silencieusement. C'est étrange le boucan qu'elle fait le jour, alors que la nuit elle devient presque muette.

Lisa a des insomnies. Elle se réveille en sursaut, couverte de sueur. Son « accident » s'était produit très exactement à une heure dix-sept. Elle s'était réveillée à l'hôpital après un coma éthylique et médicamenteux de huit jours. Depuis, son horloge interne est déréglée et il faut qu'elle marche, qu'elle s'aère.

Ce matin, elle voit distinctement des yeux jaunes. Presque à hauteur du sol, puis soudain de l'autre côté de la rivière, sur l'autre berge. Ça ne dure qu'un court instant. Les yeux disparaissent. Une hallucination ?

Lisa scrute la pénombre. La lune est encore haute dans le ciel. Quelle heure est-il ? Trois heures. Les aiguilles phosphorescentes de sa montre irradient une parcelle de nuit. Sa main tremble. D'un pas précipité elle regagne le campement.

L'entrée de la tente est restée ouverte. Lisa s'accroupit, entre et se glisse rapidement dans son duvet, sans plus se soucier du bruit qu'elle peut faire.

– Meriam, tu dors ? murmure-t-elle.

Meriam ne répond pas.

– J'ai jamais cru que j'étais un héros, continue Lisa à voix basse, guettant une réaction qui ne vient pas. Ce soir, des yeux jaunes m'observaient… Va falloir que j'en sois un, finalement. T'en penses quoi ?

Silence.

– Bon, ben les héros sont fatigués, je vois…

Elle se rendort.

Lukas observe le sommet de la montagne, seule portion visible de l'endroit où il se trouve. Parois raides. Crevasses antédiluviennes. Déplacements titanesques lorsque le continent s'est fixé. Ce pan isolé cède les premières ombres de la matinée. Immense carrière à nu, bardée de milliers de récifs rocheux et gris qu'elle projette dans l'immensité du ciel. Jambes écartées, il est adossé contre un arbre. Les autres sont partis en randonnée et reviendront pour le déjeuner, avant une nouvelle excursion en milieu d'après-midi.

Jeff avait demandé à voir l'état de ses cuisses. Lukas avait râlé, assurant qu'il allait beaucoup mieux.

– Les cuisses, je vois pas pour l'instant… Mais le cou, ça n'a pas l'air d'être la grande forme, avait dit l'éducateur.

Lukas souffrait du torticolis attrapé la veille. Un peu plus tôt il avait tenté de s'équiper de son sac à dos et la manœuvre lui avait arraché un grognement de douleur.

Jeff profita que les trois filles se débarbouillaient sur les bords de la rivière et que Damien s'habillait dans la tente des garçons pour obliger Lukas à le suivre dans un coin isolé.

– Baisse ton froc, bon sang ! Joue pas au timide ! J'en ai vu d'autres dans ma vie, tu t'en doutes bien.

Le garçon dénoua le nœud du lacet qui retenait son pantalon de survêtement, et le descendit sur ses genoux. Jeff s'accroupit. Le spectacle n'était pas franchement beau à voir. Sous l'effet du frottement, la peau s'était racornie. Elle pelait, des plaques d'un rouge écarlate embrasaient l'intérieur des cuisses.

– Tu peux te rhabiller. Aujourd'hui tu resteras au camp. C'est mieux.

Lukas fut soulagé d'être exempté du raid matinal. La randonnée, il en avait soupé. D'un autre côté il ne voulait pas bénéficier d'un traitement de faveur. Ni se retrouver à la marge du groupe maintenant que l'ambiance était au beau fixe.

– Non, je viens. Ça ira. Promis…

– Tu préfères rester sur le carreau, demain, quand il faudra retourner au minibus et rentrer au Centre ? C'est à ce moment-là qu'il faudra que tu assures, Lukas. Une journée complète de marche, imagine un peu ! Aucune envie de te prendre en remorque sur mes épaules. Non, crois-moi, il vaut mieux te mettre au vert. C'est plus raisonnable.

Jeff fut intraitable, lui donnant pour mission de préparer les sandwichs pour le déjeuner. À leur retour ils auraient une faim d'ogre.

Une pluie fine et vaporeuse tombe l'espace d'une quinzaine de minutes, avant de cesser sans même imbiber le sol.

Lukas se lève. Des écorces se sont accrochées à sa veste de survêtement. Sous ses fesses des aiguilles de pin dont il se débarrasse d'un aller-retour de la main. Quelle heure est-il ? Toujours cette manie de se situer dans le temps, mais Lukas a oublié sa montre sous la tente. Il va la récupérer quand il entend dans son dos une série d'aboiements secs et répétés. Des jappements répercutés en écho, si bien qu'il est impossible d'en déterminer la distance et la source. Des chiens ? Ici ? Il se retourne. La rivière, en contrebas. Serpent aqueux. Remous. Cliquetis de l'eau. Rumeur. Lukas plisse les yeux et scrute l'étendue au-delà de la rivière. Plus loin encore. Dans les bois. Pas l'ombre d'un chien. D'autant que les aboiements ont cessé.

Deux minutes plus tard, Lukas vient à peine de s'accroupir pour entrer sous la tente qu'il est surpris par un tintamarre. Comme si plusieurs nageurs plongeaient dans l'eau les uns après les autres. Il se redresse, intrigué.

Au milieu de la rivière, ce ne sont pas des chiens.

Rester immobile. Se fondre dans la masse. Devenir un arbre. Une pierre. Dans le lointain, de nouveaux aboiements. Très faibles. Son cerveau n'analyse plus. Anesthésié.

Un ours en plein milieu de la rivière.

Il se redresse. Surpris. Sur la défensive. Les tentes. L'odeur du feu de bois éteint. Cet animal sur la terre ferme. Raide comme un piquet. Il connaît. Danger. Un *homme.* Il pointe son museau. Le plus haut possible. La truffe brillante. Il respire. Fort. Jauge. Hume. Ouvre la gueule. Crache. Sa langue. Ses dents. Il grogne. Rouspète. Menace. Hésite, calculant peut-être le temps qu'il lui faudra pour sortir de l'eau, parcourir la distance qui le sépare de l'intrus et éliminer le danger d'un coup de patte avant de repartir.

Finalement il se laisse retomber sur ses quatre pattes. Certainement las et dégoûté par l'odeur qu'il vient de flairer. L'eau jaillit autour de lui. Sa masse imposante et brune se met en mouvement. Ce n'est pas simplement un ours qui se déplace, mais sa légende qui remonte la rivière. L'eau lèche son bas-ventre. Le lave de son odeur. Les chiens perdront sa trace.

L'ours part. Il est parti.

Lukas s'est fait dessus. La peur, la surprise, l'impuissance devant cette force de la nature. L'urine coule le long de ses jambes. Elle brûle l'intérieur de ses cuisses. Lukas immobile. Comment renaître après une telle rencontre ?

Des moments comme ceux-ci nettoient la boue accumulée en soi pendant des mois, voire des années. À cette hauteur, le monde est minéral et végétal. Le lieu où la terre finit et le ciel commence.

Ils sont debout au sommet d'une éminence rocheuse. Ils ont gravi un sentier accidenté et escarpé. La grimpette leur a coupé les jambes. Même si ce n'était pas de l'escalade, la pente était rude et par endroits il a fallu se mettre à quatre pattes et s'aider des deux mains. Ils ont avancé les bras écartés afin d'assurer leur équilibre. Les genoux brûlaient. Quand ils ont enfin atteint le piton convoité, ils se sont d'abord assis. Ont repris leur souffle. Personne n'a parlé. Les filles haletantes. Jeff les deux mains sur ses hanches, un point de côté. Damien la poitrine serrée et la bouche sèche. Puis, comme s'ils s'étaient donné le mot, ils ont ouvert les yeux sur le panorama qui s'offrait à eux.

– On a réussi, dit Jeff.

– J'ai bien cru que j'allais y laisser mes poumons.

– T'es qu'une petite nature, se moque Lisa.

Damien encaisse sans broncher. Depuis hier, il n'est plus le même, libéré de l'agressivité qu'il portait en lui tel un fardeau.

– T'es pas toute neuve non plus… réplique-t-il, adoucissant ses paroles d'un sourire amical.

Lisa frictionne ses mollets. Ce n'est pas qu'elle ait vraiment mal, mais ça lui occupe les mains. Dès qu'ils ont atteint leur but, elle a été prise d'une envie saugrenue : embrasser ses compagnons. Les étreindre. Les porter dans ses bras. Une sorte de vertige. L'ivresse des sommets ? En tout cas, pas question de se jeter à leur cou. Alors elle frotte, frotte et frotte encore.

– On ne va pas tarder à redescendre, prévient Jeff.

Il est le seul à avoir emporté son sac à dos. Il n'a pas jugé utile que les jeunes s'encombrent d'un lest. Lukas étant resté au camp, il n'y avait aucun risque à tout laisser sur place.

– Déjà ! C'est dommage, soupire Meriam qui garde enfoui dans un coin de sa mémoire le vague souvenir de vallées et de montagnes pareilles à celle-ci.

Avec ses parents et son frère, elle en a franchi de semblables au cours de leur migration vers l'exil.

– Il est déjà onze heures, dit Jeff. Si nous voulons être rentrés assez tôt pour déjeuner puis repartir en excursion l'après-midi, il faut y aller.

Jennifer embrasse du regard la perspective qui se déploie sous elle.

– Si vous dégringolez, essayez de ne pas entraîner un copain avec vous, avertit Jeff, mi-sérieux mi-goguenard. Je n'ai pas assez de sparadrap pour tout le monde…

La descente est une autre paire de manches. Les articulations sont mises à contribution. Les pierres roulent sous les pieds. Il faut à chaque instant rétablir l'équilibre. S'accrocher aux branches. Faire attention de ne pas rentrer en collision avec celui qui vous précède. Amortir les chocs. Serrer les dents. Chasser la sueur qui coule et irrite les yeux.

Quand ils arrivent enfin en terrain plat, ils peuvent constater combien ils étaient montés haut.

– Incroyable ! s'exclame Meriam.

– Ce n'est pas tout, dit Jeff. Ne perdons pas de temps. On va couper par là et rejoindre la rivière. On la suivra jusqu'au campement.

Ils se mettent en route. Damien ferme la marche. L'éducateur l'ouvre. Les filles en sandwich entre eux. La rivière apparaît bientôt au détour d'un tournant et ils ont vite fait de la rejoindre.

– Une pause. On se rafraîchit et on repart, les invite Jeff.

Chacun s'agenouille. S'asperge la nuque et les cheveux d'eau fraîche. La base du cou. Les bras.

– On peut en boire une gorgée ? demande Lisa. Elle me donne sacrément envie, cette flotte.

« Cinq kilomètres à pied, ça use, ça use… »

Une ritournelle stupide, mais qui présente l'avantage d'être connue de tous. Une rengaine lancinante qu'on entonne sans y penser et qui trotte dans la tête sans qu'on puisse s'en débarrasser. Qui a commencé ? Impossible à dire. Maintenant ils la reprennent en chœur.

« Six kilomètres à pied, ça use, ça use… »

Damien ne se croyait pas capable de chanter à tue-tête un truc aussi débile. Et pourtant… Il est heureux, ayant le sentiment de participer à un *Far West* en miniature. La découverte d'un *Nouveau Monde*. Même si, à bien y réfléchir, cinq couillons le long d'une rivière, qui braillent « Quinze kilomètres à pied, ça use, ça use… » n'est pas à proprement parler l'image qu'on peut se faire de l'Aventure avec un grand A.

Jeff allonge le pas. Ils ont pris du retard sur l'horaire. La chansonnette – une véritable scie pour les oreilles – donne la cadence. Les jeunes ne s'en soucient pas et suivent sans renâcler.

« Vingt kilomètres à pied, ça… »

Trois détonations les arrêtent net en plein milieu d'un énième couplet, les laissant sans voix. Aux aguets. Les sens en alerte. Ils ont cessé leur progression. L'écho des explosions se dissipe. Silence. Ils encaissent la quatrième déflagration comme un coup de grâce.

– C'était quoi ? demande Lisa.

– Chut !

Jeff guette le moindre bruit suspect.

– C'était pas loin en tout cas, dit Damien.

– On peut pas savoir avec l'écho, objecte Meriam.

– Chut, bon sang !

L'éducateur s'accroupit et pose une main à plat par terre.

– Tu joues au chef sioux ? plaisante Jennifer. Tu tâtes le sol pour savoir si la diligence approche ?

– Les Indiens sur le pied de guerre doivent pas être loin, ricane nerveusement Lisa.

– La chasse est ouverte ? interroge Damien. En septembre ? Parce que c'était bien des coups de fusil, non ?

Jeff se relève et examine la forêt alentour.

– On fait quoi ? s'inquiète Meriam.

Elle n'aime pas les armes à feu. Ni la chasse. Ni les chasseurs. Elle s'est trop souvent sentie gibier dans une autre vie.

– Qu'est-ce que tu veux qu'on fasse… répond Jeff. On rentre au camp et on ne traîne pas. Allez, en avant !

Ils n'ont pas fait dix mètres qu'une cinquième détonation les cueille à nouveau.

– C'était tout près, cette fois-ci. J'en suis certain.

Jeff est catégorique, les tireurs ne sont pas loin. Il ne faudrait pas qu'ils mitraillent dans leur direction.

– Je vais aller jeter un coup d'œil. Il me semble que ça se passe par là-bas, sur la gauche. Si jamais je trouve ces types, ils vont m'entendre.

– On fait quoi pendant ce temps ? demande Damien.

– Vous ne bougez pas. Vous allez vous mettre à l'abri là-bas.

L'éducateur désigne d'un geste un groupe d'arbres, à une quinzaine de mètres de distance.

– Je vous retrouve dans dix minutes, pas plus. Juste le temps de m'assurer que nous ne risquons rien. Si je fais chou blanc, tant pis. On rentrera dare-dare, sans s'éterniser, voilà tout.

Il les accompagne à couvert.

– Je garde mon sac à dos avec moi. On ne sait jamais. J'ai la trousse de secours dedans, ça peut servir.

Les quatre adolescents acquiescent.

– Fais vite, dit Damien.

– Pas de soucis. C'est juste par acquit de conscience.

Jeff s'éloigne. Les filles sont muettes. L'inquiétude est palpable et Damien se sent soudain protecteur :

– N'allez pas vous creuser le ciboulot pour rien. On connaît tous Jeff. Il assure un max, non ? Alors cool. On se la joue décontracté.

Dix. Encore dix. Et dix minutes. Au début ils ont parlé pour ne rien dire, pour meubler les vides. Des emplâtres appliqués sur l'angoisse. Ensuite ils se sont tus, se découvrant orphelins dans une nature devenue hostile. Après une demi-heure la tension électrise l'atmosphère.

– On va attendre encore longtemps ? interroge Lisa.

– Jeff n'avait pas dit qu'il serait de retour dans dix minutes ?

Meriam se lève. Elle fait quelques pas dans la direction prise un peu plus tôt par l'éducateur. Observe avec attention la forêt, aussi illisible pour elle qu'un hiéroglyphe.

– C'est quand même bizarre, non ? dit-elle en revenant s'asseoir près des autres.

Damien frotte la paume de sa main sur sa joue. Sa barbe a poussé. L'a-t-il jamais eue aussi longue ? Au moins un demi-centimètre.

De touffes éparses de poils. N'affirme-t-on pas que la barbe continue de croître quand on est mort ? Damien retire vivement sa main, comme s'il voulait se débarrasser de cette pensée stupide.

– Écoutez, les filles, on va pas se prendre la tête et monter des plans foireux. Certainement qu'il les a trouvés, ces chasseurs…

– Et ça explique le temps qu'il met pour revenir ? interroge Jennifer.

– Qu'est-ce que j'en sais !

Damien regrette déjà d'avoir haussé le ton. Ce n'est pas le moment de s'engueuler.

– N'empêche qu'on se retrouve comme des imbéciles. Seuls et sans savoir quoi faire, soupire Lisa.

Une brise légère agite la cime des arbres. Damien regarde les frondaisons osciller au gré du vent.

– Peut-être… réfléchit-il à haute voix, sans achever sa phrase, songeur.

– Peut-être quoi ? s'impatiente Jennifer.

– Peut-être que je devrais partir à sa recherche…

– N'importe quoi ! le coupe Lisa. Jeff a demandé qu'on l'attende ici… Et si vous vous croisiez ?

– Et si tu te paumes ? dit Meriam. Laquelle d'entre nous viendra te chercher ? Non, le mieux, c'est d'attendre.

Dix minutes supplémentaires. Jennifer a ramené les pieds sous elle. Damien fait les cent pas. Meriam est allongée, les bras sous la tête. Lisa dépiaute l'écorce d'une branche morte.

– Trois quarts d'heure ! C'est trop long. J'y vais, se décide Damien.

– Non... Ou alors on t'accompagne.

Jennifer détend ses jambes et se redresse pour se retrouver sur ses pieds, prête à suivre le garçon.

– Je ne suis pas d'accord. Il vaut mieux que j'y aille seul. Si entre-temps Jeff revient, vous serez là pour l'accueillir. Et puis, je préfère me débrouiller sans vous. Je vais suivre sa trace. J'irai tout droit. Pas loin. Deux ou trois cents mètres, à tout casser.

Damien a parlé d'autorité. Les filles sont soulagées, préférant patienter, quitte à se ronger les sangs. Jeff reviendra tôt ou tard. À moins que Damien ne le retrouve avant.

– Ça roule, dit Lisa, traduisant ainsi la pensée commune. Mais tu ne t'éternises pas et tu ne nous laisses pas poireauter des plombes. Et puis je parie que tu vas retrouver Jeff buvant une bière bien fraîche, quelque part, tranquille, sans s'en faire le moins du monde, avec des types hilares qui se tapent dans le dos...

Un rire de crécelle qui ne trompe personne accompagne ses paroles, mais dont chacun se contente faute de mieux.

– Bon, ben… j'y vais.

Damien n'est plus très sûr de lui. Entre dire et faire, il y a un fossé à franchir.

– Tu te dégonfles ? demande Lisa.

– C'est pas la question…

– Alors c'est quoi la question ?

– Y en a pas !

Damien s'éloigne. L'allure est volontaire, mais il sait que s'il se retournait, c'en serait fini de sa résolution.

Le chemin descend. Une pente en terre battue. Des buissons. De la sauge sauvage. Puis de nouveau les arbres. Le sentier serpente un moment. Sur la droite l'immense squelette efflanqué d'un sapin. Damien grave son image dans sa mémoire. Ne pas se perdre. Noter des points de repère. Calculer mentalement la distance parcourue. Marcher droit. Ausculter les fourrés. Être attentif au moindre bruit. Au plus petit déplacement d'air.

Un temps Damien a eu l'idée de s'arrêter dès qu'il serait hors de vue. Attendre une poignée de minutes et puis faire demi-tour. Rentrer. Mentir. Broder une histoire crédible. Donner le change. Comment avouer qu'il a peur ? Ses mains, ses jambes – son corps entier n'est plus qu'un tremblement continu. Pour conjurer sa frousse, il se parle à voix basse. Une question revient sans cesse, lancinante : « Qu'est-ce que je fous là ? » Pour se l'ôter de la tête, il la noie sous une avalanche de chiffres. Compter ses pas. « Trois cent treize. Quatorze. Quinze… Jeff ! » Il appelle. Timidement d'abord. Comme s'il craignait la réponse. « Jeff ! » Ce rocher, là-bas. La forme d'un nez busqué. Un bon repère. « Trois cent cinquante-quatre… Jeff ! T'es où ? » Il est temps de rebrousser chemin. Pas de Jeff. Où peut-il bien être ? Certainement avec les filles. Tout ça pour rien. Cette peur. Cette trouille qui tord les boyaux. À son âge ! Tu parles d'un héros… « Jeff, si tu ne réponds pas, je rentre ! » Un rictus de dégoût pour lui-même. Pour son trouillomètre à zéro. Sa pétoche.

Retour en arrière. Le rocher. Le sapin mort. C'est plus facile que ce qu'il imaginait. Des idées noires pour rien. Décidément un froussard de première. Il expliquera aux filles qu'il n'a pas trouvé l'éducateur. Inutile d'ailleurs. Il sera avec elles. Ils se moqueront de lui. De son teint blafard. De ses guibolles en coton.

Damien respire plusieurs fois à fond. Une ou deux flexions pour faire circuler le sang, et c'est reparti. Compte à rebours : « Deux cent soixante-trois… Soixante-deux… Qu'est-ce que c'est que ça ? » À l'aller, il n'avait pas remarqué la trouée dans cette futaie. Comment est-ce possible ? Un engin ou un animal a forcé le passage. Les ronces, les arbustes, les branches ont été écartés, écrasés, arrachés. Il y a largement de quoi se faufiler à plusieurs.

« Jeff, t'es là ? »

Cette fois il a crié pour de bon. Sans plus de résultat. Damien s'enfonce dans le boyau végétal. S'arrête. Tend l'oreille.

« Jeff ! T'es pas marrant ! »

Meriam n'avait rien dit aux deux filles. Ce matin, alors qu'ils se préparaient à partir, Damien l'avait attirée à l'écart du groupe et l'avait collée le dos contre un arbre. Impossible d'expliquer pourquoi elle s'était laissé faire sans réagir. Le garçon l'avait regardée droit dans les yeux. Pas un mot. Juste leurs regards imbriqués.

– Où sont-ils passés, ces deux-là ?

Meriam avait sursauté en entendant Jeff.

– Je crois qu'ils nous cherchent, avait-elle murmuré.

Damien penchait la tête sur le côté, ses lèvres près des siennes. Elle avait senti son estomac descendre dans ses talons. Le garçon avait posé un baiser délicat, presque un effleurement.

– J'y vais en premier.

Il s'était écarté et elle avait passé sa langue sur ses lèvres.

– Meriam ! Bon sang ! Qu'est-ce que tu fabriques ?! avait crié Jeff.

– Je crois qu'elle fait pipi.

Elle avait reconnu la voix de Damien.

– J'ai un truc à vous dire, les filles.

– On t'écoute.

Lisa et Jennifer se rapprochent de Meriam. Depuis le départ de Damien, elles n'ont pas échangé un mot. L'impatience, l'agacement, l'attente – un cocktail qui les rendait muettes.

– Alors ? s'impatiente Lisa.

– Ce matin, je ne faisais pas pipi…

– Qu'est-ce que tu racontes ?! s'irrite Jennifer. C'est quoi ce délire ?

– Tu faisais caca, c'est ça ? plaisante lourdement Lisa.

Fou rire. Elles avaient presque oublié combien c'est agréable de se bidonner entre copines.

– T'es bête ! En fait, j'étais avec…

Damien est à bout de souffle et les voir plier en deux de rire l'énerve passablement. Il leur en veut. Des idiotes ! Pas la moindre jugeote. Damien s'écroule à genoux. Le contact avec le sol lui arrache un grognement sourd qui attire l'attention des filles, mettant fin aux confidences de Meriam. Il dépose son fardeau par terre. Les filles se précipitent. Damien halète. Il a soif. Il a froid. Il a chaud. Il a peur. Il enrage. Il voudrait pleurer. Ne peut pas. N'en peut plus. La tête lui tourne.

– Qu'est-ce qui est arrivé ?

La voix de Lisa est blanche.

– Je…

Damien ne trouve pas les mots.

Après s'être enfoncé dans le taillis, il déboucha sur une petite clairière dégagée et cernée d'arbres. Des rochers au milieu. Cinq ou six. L'un d'entre eux recouvert d'une trace sombre et en étoile. L'herbe piétinée autour. Des mouches vrombissaient au-dessus. S'excitaient. Se posaient. Décollaient. Un peu plus loin, à l'extrémité nord de la clairière, une forme imposante était étendue sur le dos. Ça ne ressemblait pas à un être humain. Trop volumineux. Un animal certainement. Mais quelle créature pouvait être aussi monumentale ?

Damien s'avança prudemment. L'animal gisait dans son sang. Au milieu de sa poitrine, un trou d'une circonférence égale à celle d'une balle de tennis. Ses membres inférieurs et supérieurs étaient écartés du corps. Son volumineux abdomen recouvert d'une fourrure épaisse et brune. Plus de doute possible…

Cannelle. Ce nom resurgit dans sa mémoire. Celui d'une ourse. Il avait lu son histoire un jour dans une revue. L'accident. Le chasseur tire pour se défendre. Sa version remise en cause. Il n'avait pas bien suivi la polémique. Ça ne l'intéressait pas. Après tout, des plantigrades, il n'en rencontrerait jamais.

Un ours… en voilà un. Quelqu'un avait tranché les extrémités des pattes, laissant la chair et l'os à nu.

Le garçon eut un haut-le-cœur. Il détourna le regard pour découvrir, un peu sur sa gauche, un chien. Un balèze. Des pattes aussi larges que les avant-bras de Damien. Pourtant il n'avait pas dû peser lourd face à l'ours, et gisait dans un buisson de fougères.

Damien crut sentir une odeur de poudre.

– Je vais te chercher de l'eau, propose Meriam.

Aussitôt elle court en direction de la rivière.

Damien respire mieux, mais ne fournit pas encore d'explications. Jennifer et Lisa sont à ses côtés. Elles se taisent, conscientes qu'il s'est passé quelque chose de terrible. Meriam revient, de l'eau dans le creux de ses mains jointes.

– J'ai rien trouvé de mieux...

Damien y plonge les lèvres et lape bruyamment le liquide. Il liche les dernières gouttes, avide d'étancher sa soif.

– Il est mort ? demande Lisa.

Damien manipula le chien du bout du pied. Mort. Éventré. Il retourna voir l'ours et s'agenouilla près de lui. Sa tête manquait aussi. Tranchée à la base du cou. « Les pattes. La tête. Des trophées... » Il posa une main sur la poitrine de l'animal et enfonça les doigts au plus profond de sa fourrure. Le corps était encore tiède. Il s'en écarta et fit trois pas de côté. Que n'aurait-il donné pour être à des kilomètres de là. Vite ! S'enfuir ! Pas un instant à perdre.

Damien allait prendre ses jambes à son cou, paniqué à l'idée de rester une seconde de plus dans cette clairière, quand il remarqua un amoncellement de feuilles mortes – un amas trop dense pour être naturel.

– Il était là, sous les feuilles. Son corps ne présentait pas plus de relief qu'un parasol replié.

Damien a besoin d'imager son propos pour en amoindrir la brutalité.

Jeff est allongé par terre. Du sang séché sur ses vêtements. Des hématomes violets recouvrent une grande partie de son visage. Il ne porte plus ses chaussures. Ses chaussettes toujours enfilées à ses pieds paraissent incongrues.

– C'est l'ours qui a fait ça ? demande Meriam.

– Et puis j'ai remarqué ses doigts, continue Damien. Roses. Pareils à des crevettes décortiquées. Repliés sur eux-mêmes… Non c'est pas l'ours, ajoute-t-il soudain, comme s'il se souvenait de la question et revenait à un langage plus direct.

– Il n'est pas mort. Il respire, dit Lisa d'une voix monocorde.

– Je sais. Il a fallu que je le porte sur mes épaules jusqu'ici. J'étais pas certain qu'il supporte le voyage.

Jennifer se penche sur Jeff comme elle l'a vu faire à la télévision dans des séries policières. Elle approche sa joue près du nez, cassé visiblement. Elle sent le souffle léger de la respiration. Plutôt que de la rassurer, cette constatation la décourage.

– On fait quoi ? demande-t-elle.

Après l'émotion, c'est la consternation. Jeff salement amoché, elles devraient être aux petits soins pour lui, mais aucune des filles ne pense à lui venir en aide. Comment ?

– Son sac à dos ? interroge Meriam, se souvenant qu'il contient la trousse de secours.

Il retira toutes les feuilles.

Jeff était inconscient. Les bleus et les ecchymoses étaient impressionnants. Quelqu'un avait violemment frappé l'éducateur. Ils étaient peut-être plusieurs…

Il chercha autour de lui une présence. Des chasseurs d'ours ? Ils le guettaient, attendaient le moment propice et allaient fondre sur lui pour l'assommer. Le laisser pour mort.

Damien partit en courant. Se retenant de hurler, il franchit la trouée en sens inverse et se retrouva sur le chemin, hagard et désorienté.

– Qu'est-ce que je fous ? J'ai perdu la tête ?

Sa voix métallique le fit redescendre sur terre. Il regarda derrière lui. Le taillis. Le passage.

– J'ai fouillé partout sans le trouver. Le sac à dos avait disparu. Ses chaussures aussi. Vous voyez bien. Et puis, j'allais pas m'éterniser. Ceux qui ont fait ça étaient peut-être encore dans le coin. T'imagines…

Non, ni Meriam, ni Jennifer, ni Lisa n'imaginent. Un cauchemar plutôt.

– Ce qui fait que nous n'avons plus de trousse de secours, constate Meriam.

– Plus de téléphone portable… ajoute Jennifer.

– Plus de carte non plus, continue Lisa.

– Vous faites quoi ? Un sketch ! crie Damien. Faut qu'on se casse d'ici. Et vite. J'ai réussi à le porter sur mes épaules, je devrais y arriver encore. On va suivre la rivière. Retourner au campement, c'est pas un problème. On verra après ce qu'on…

Jeff pousse un soupir et tous se penchent aussitôt sur lui, attendant un signe ou qu'il ouvre les yeux, mais l'éducateur reste inconscient.

– Il doit être dans le coma, dit Damien.

Le mot résonne comme une sentence – *coma.*

Un T-shirt entoure la lampe torche, les manches nouées autour du piquet central. La lumière tamisée éclaire l'intérieur de la tente. Les cinq adolescents sont assis en tailleur. Ils ont installé Jeff dans la tente voisine et l'ont recouvert d'un duvet pour qu'il n'ait pas froid.

Le jour baissait quand Damien et les filles étaient arrivés au campement. Lukas mourait d'inquiétude, ne cessant de faire des allers et retours jusqu'à la rivière. Quatre heures de retard, ça comptait. Un accident ? Perdus ? Il cogitait ferme dans sa petite tête, mais n'osait pas aller à leur rencontre.

Et puis il les avait vus. Damien portait l'éducateur sur ses épaules. Une blague ? Vraiment de mauvais goût. Lukas avait foncé vers eux. Content et rageur à la fois. Prêt à les couvrir d'insultes et à les traiter de tous les noms.

– Demain, Lukas et moi on fabriquera un brancard.

Damien s'essuie la bouche. Il a dévoré et mangé trop vite. Son estomac est douloureux, tendu. Il est épuisé. L'effort fourni pour transporter Jeff jusqu'au campement a été intense. Plusieurs heures de marche. Des arrêts pour reprendre sa respiration. Lisa a bien tenté de porter l'éducateur, mais au bout de cent mètres elle a dû se rendre à l'évidence – trop lourd, trop encombrant. Jennifer et Meriam ne s'y sont même pas essayées.

– On utilisera la toile d'une tente, reprend Damien, et deux solides branches. Les plus droites possible. En travers on en assemblera d'autres. La toile dessus, sanglée avec les cordes qui servent habituellement à la tendre. On se débrouillera comme on pourra.

Ils lui sont reconnaissants de prendre en main les opérations. Malgré la fatigue, c'est encore lui qui a expliqué à Lukas le déroulement des événements. Les filles sont allées se décrasser à la rivière. L'eau froide les a ranimées et elles se sont senties revivre. Ce soir, ils ont décidé de ne pas allumer de feu, inutile de signaler davantage leur présence.

– Tu crois que les types qui ont fait ça sont encore dans les parages ? s'inquiète Jennifer.

Des ombres flottantes se plaquent contre les parois de la tente, en prennent la courbure et s'évasent vers le faîte de la canadienne.

– Je ne sais pas, répond Damien. À mon avis, si c'était le cas, ils nous seraient déjà tombés dessus, non ?

Pas de commentaires. Meriam tousse. Elle a avalé sa salive de travers. Cette diversion inopinée permet de changer de sujet :

– Comment on retrouvera notre chemin jusqu'au minibus ?

Peu importe qui a posé la question. Elle était dans tous les esprits. Damien s'y attendait.

– On va longer la rivière. Si je me souviens bien, sur la carte, à un moment donné elle croisait un sentier de randonnée. Quand Jeff a coupé à travers bois le deuxième jour, c'était pour gagner du temps. Je crois que ce chemin nous conduira jusqu'à la retenue d'eau. Là où nous avons pêché. Ensuite, ce ne devrait pas être si difficile que ça.

– Et si on se perd ? demande Lukas.

Tous les regards convergent vers Damien.

Après s'être rafraîchie à la rivière, Lisa avait nettoyé le visage de Jeff avec un mouchoir imbibé d'eau. Les cinq jeunes entouraient l'éducateur.

– J'ai peur, avait avoué Meriam.

Jennifer avait passé un bras autour de ses épaules.

– On n'a pas le choix. Le plus à plaindre, ce n'est pas nous, c'est lui.

En quelques heures à peine, la part d'enfance qu'ils renfermaient encore en eux s'était volatilisée, laissant la place à une réalité d'adultes à laquelle ils n'étaient pas préparés. Celle-ci avait un prix – Jeff, inconscient et sous leur responsabilité.

– Pourquoi veux-tu qu'on se perde ? Y a pas de raison. On va suivre la rivière, je te dis...

Dans la voix de Damien, il y a de la colère. Inutile de prévoir le pire. Le pire est déjà arrivé.

Silence crispé. Lukas ramasse une miette de pain du bout du doigt, la pose sur sa langue et l'avale. Meriam bâille. Jennifer remonte ses chaussettes en laine. Lisa ferme les yeux. Des étoiles dansent sous ses paupières.

– Et après ? dit-elle. Quand on aura rejoint le minibus ? Tu sais conduire toi ?

Personne n'y avait songé. Que feront-ils ? Damien sent qu'il doit couper court aux ruminations. Pas le moment de tirer des plans sur la comète.

– Je sais conduire, ment-il.

– Toi ! s'exclame Jennifer.

– Tu ne me crois pas ?

Elle hésite. Évidemment qu'elle ne le croit pas. Où aurait-il appris ? Avec qui ? Quand ? C'est un mensonge gros comme un building de cent étages.

– Si, dit-elle, ne trouvant pas le courage de le contredire.

– D'autres questions ? demande sans attendre Damien. Parce que si vous voulez vous faire peur, faut pas hésiter. Allez-y ! Lancez-vous !

Il les toise l'un après l'autre, les obligeant à baisser la tête.

– Bien, reprend-il. C'est pas la jungle ici. Le seul ours qui était dans le coin est zigouillé. Les gars qui l'ont tué… disparus dans la nature. Jeff est en vie. Nous sommes cinq. On va s'occuper de lui. D'accord ?

Sa détermination n'est pas factice, seulement un peu exagérée. Personne n'est dupe, mais ils jouent le jeu.

– Tous pour un… lance Lukas.

– Un pour tous ! reprennent-ils en chœur.

Premiers sourires. Premier moment de détente. Les corps s'affaissent, les muscles se relâchent. La température est montée dans la tente. De la condensation s'est formée. Des gouttelettes d'eau ruissellent sur le sol.

Plus tôt, il a été décidé que les trois filles dormiraient ensemble. Lukas et Damien avec Jeff. On se serrerait pour se sentir davantage en sécurité. Pourtant personne ne se décide à donner le top départ. Il se fait tard. Il faut se reposer. Reprendre des forces en prévision du lendemain. Si se séparer est compliqué, parler toute la nuit ne serait pas raisonnable non plus.

Jour quatre

La rivière serpente et décrit une série de virages en épingle. Sur cette portion son cours est bordé de parois rocheuses, l'espace entre la roche et l'eau ne permet pas de marcher de front.

Damien fut le premier debout. Après avoir réveillé Lukas, il s'inquiéta de l'état de santé de l'éducateur.

Les marques des bleus sur son visage avaient essaimé dans le cou. Un véritable arc-en-ciel de jaune, de violet, de marron et de noir. Les hématomes avaient diffusé sous le derme et les yeux avaient un peu désenflé. Le gauche était totalement fermé.

Dehors, l'aube pointait. La lumière rasante et le ciel couvert annonçaient des averses.

Damien sélectionna des branches larges comme son poignet. Les garçons peinèrent pour les casser et s'y reprirent à plusieurs fois. Pendant qu'ils construisaient le brancard, les filles firent leur apparition. Elles démontèrent les tentes, et les préparatifs pour le départ s'accomplirent sans paroles inutiles.

– Stop ! ordonne Meriam.

Elle lève une main, le poing fermé. Un glissement de terrain obstrue le passage. Deux plissements de terre se rejoignent sur les bords de la rivière. Deux lèvres charnues et marneuses qui ont déraciné des arbres et en ont incliné d'autres. Les garçons déposent précautionneusement le brancard et Damien tente d'évaluer la situation.

– Il va falloir escalader pour passer de l'autre côté.

– Et si on contournait, propose Lisa.

Damien grimpe sur le tertre pour en avoir le cœur net. Finalement ce n'est pas aussi haut qu'il le pensait. Sur l'autre versant, la déclivité est en pente douce et sans réelles difficultés.

– On devrait y arriver, lance-t-il. On va passer chacun notre tour.

Ils convinrent que les filles porteraient chacune un sac à dos. Les tentes et les objets encombrants resteraient sur place, à un endroit où il serait possible de les récupérer plus tard. Pas question de se charger inutilement, il fallait arriver au minibus avant la nuit.

Les garçons souffrent. Le brancard tire sur les bras. Lukas est mal en point. Ses cuisses le brûlent de plus en plus. Jeff ballotte d'un côté et de l'autre, au gré des cahots. Ils lui ont recouvert la tête d'une capuche. Depuis une demi-heure, une pluie fine les bassine. Une brume laiteuse s'infiltre à travers les frondaisons des arbres et crée un sentiment d'encerclement.

Le petit groupe se dirige vers l'est. Le lit de la rivière n'a cessé de changer de direction depuis leur départ. À la sortie d'un coude, il reprend enfin son cours rectiligne.

– C'est pour bientôt le chemin balisé ? s'inquiète Lukas.

L'angoisse de devoir crapahuter encore des heures lui noue le ventre.

– Ça ne devrait pas tarder, le rassure Damien.

En vérité, il n'en sait rien. Il espère ne pas s'être trompé. Que feront-ils sinon ? Que leur dira-t-il ?

– Là-bas ! s'écrie Lisa.

Elle montre le milieu de la rivière. Deux rondins font un barrage improvisé. L'un est planté dans la vase, une extrémité dressée vers le ciel. L'autre est en travers, immobilisé. En les heurtant de plein fouet, l'eau bouillonne avant de sauter par-dessus dans un panache d'écume mousseuse. Les troncs écorchés reluisent, nickelés par le frottement du flot continu.

– Quoi ? demande Meriam. (Elle ne voit rien. Seulement de l'eau, de l'eau et encore de l'eau.) T'as la berlue ma vieille. Allez on avance ! Ne perdons pas de temps !

Quelques minutes après leur départ, Damien crut apercevoir quelqu'un sur l'autre rive. Au-delà de l'écran sombre formé par la végétation, une forme se mouvait quasiment à la même allure qu'eux. Se pouvait aussi bien être son imagination qui lui jouait des tours.

Jeff est installé sous le couvert d'un chêne. Les cinq jeunes retirent leurs pantalons et se retrouvent en sous-vêtements. D'un bras, Damien entoure le tronc d'un arbre qui a poussé au pied de la rivière. Une jambe au sec l'autre dans l'eau, il l'agrippe de toutes ses forces, tandis que son pied gauche s'enfonce dans la vase. Sa main libre tient fermement celle de Jennifer, qui a pris celle de Lisa, qui enserre celle de Meriam, qui cramponne celle de Lukas – ultime maillon. Les cinq adolescents font la chaîne.

De l'eau jusqu'à la poitrine, Lukas grelotte. Le courant lui bat les flancs. Les rondins sont à portée, mais il faut qu'il s'étire de quelques centimètres supplémentaires pour atteindre l'objectif.

– Encore un peu ! crie-t-il.

Les autres relâchent leur prise millimètre par millimètre. L'eau glacée anesthésie la douleur due à l'échauffement, et Lukas se sentirait plutôt soulagé si ce n'était le risque.

Lisa avait insisté :

– Là, entre les deux troncs ! C'est quoi ?

À bien y regarder, les rondins emprisonnaient ce qui semblait être un sac à dos. Le sac plongeait et remontait à la surface de l'eau. Une anse était prisonnière d'un entrelacs de ramilles, l'empêchant d'être emporté par le courant.

– C'est celui de Jeff !

Du bout des doigts Lukas crochète l'anse, tire de toutes ses forces, mais le sac reste accroché.

– Je peux pas ! crie-t-il.

Son corps fait obstacle, des paquets d'eau le giflent et il ne tiendra pas longtemps dans cet enfer.

– Passe-moi ta jambe droite !

– Quoi ?

Mais Lukas a déjà compris les intentions de Meriam.

– T'es dingue !

Il avale une soupière d'eau glaciale. L'air se fige dans ses poumons et le brûle atrocement. Meriam ouvre un doigt, lentement, pour lui donner le temps de réfléchir. Puis un autre.

– Vas-y ! T'as pas le choix. Sinon, je te lâche pour de bon !

Le garçon sent son estomac se contracter. Elle ne le ferait pas ? Il ne peut pas le croire. Meriam détache un troisième doigt.

– Non ! hurle-t-il.

Il prend appui sur sa jambe gauche et, à contrecœur, mais ne doutant plus de la détermination de Meriam, tend l'autre.

Lukas bascule aussitôt la tête la première dans l'eau, pour réapparaître une fraction de seconde plus tard, le cou tendu afin de pouvoir respirer.

Meriam attrape sa jambe droite au niveau de la cheville et serre de toutes ses forces.

– C'est bon, je te tiens ! Magne-toi !

Lukas s'étire dans un effort désespéré. Sa main saisit le sac à dos, il s'y cramponne et l'anse finit par céder en se déchirant.

Meriam entraîne le garçon avec elle vers l'arrière.

– On l'a ! Faut nous ramener !

Lukas boit des tasses de rivière. Tousse. Crache. Jure et pense sa dernière heure arrivée.

– Les types qui ont agressé Jeff ont visiblement balancé son sac dans la rivière, avait dit Damien. Faut qu'on le récupère, compris. Dedans il y a peut-être encore la carte, la trousse de secours mais surtout le téléphone portable, bien que je doute qu'il fonctionne après un bain forcé…

Ils sont allongés sur le dos. Un moment la pluie a redoublé, puis elle a cessé d'un coup. La brume s'évanouit peu à peu, happée par le ciel qui s'éclaircit.

– Où est le sac ? demande Damien.

Lukas n'a pas lâché l'anse. Poing fermé. Jointures des phalanges exsangues.

Main dans la main, ils marchent vite. La lumière se morcelle sur la masse végétale et minérale, verte et grise. Le sentier descend. Meriam et Damien ont dépassé la retenue d'eau. Ils ont entrevu le feu de camp et les traces laissées deux jours plus tôt – une éternité. Ils ne se sont pas arrêtés.

Un embranchement, Damien n'hésite pas. Il reconnaît une fracture dans la paroi de la montagne qu'il avait repérée à l'aller. Ils traversent un bosquet avant de pénétrer sur une aire plus dégagée.

– C'est bien.

Ce sont les seuls mots qu'a trouvés Damien pour traduire ce qu'il ressent.

– C'est bien, répète Meriam.

Il l'attire contre lui et la serre fort.

– Tu sais, je…

Meriam pose un doigt sur ses lèvres. Ce garçon qui la tient dans ses bras, si ténébreux et parfois violent, elle le sent étrangement à sa merci.

– Faut pas qu'on traîne, dit-elle.

Juste avant qu'ils ne se séparent, Meriam plaque ses lèvres sur sa joue. Presque un baiser de sœur à frère.

Le sac à dos avait pris l'aspect d'une mue. Damien avait desserré un à un les doigts de Lukas. À l'intérieur il n'y avait rien. Lisa s'était approchée et avait jeté un œil par-dessus son épaule.

– C'est pas vrai ! On s'est crevés pour rien !

– Fallait s'en douter… avait murmuré Lukas.

De l'eau ruisselait dans leurs cheveux et les T-shirts collaient à la peau.

– Quoi !

D'un violent coup d'épaule, Damien avait bousculé Lukas. La situation lui échappait et il voulait en découdre en passant sa rage sur quelqu'un. Lukas lui en offrait l'occasion.

– Répète un peu, voir…

Le chemin s'élargit. L'épais sous-bois cède la place à une large étendue herbeuse. Le corridor qu'ils empruntent maintenant est large comme une route à double voie. Meriam avance en balançant ses bras. Un essaim de moucherons virevolte autour d'elle. Elle arrache une fougère et s'en sert comme d'un chasse-mouches. Damien l'observe du coin de l'œil. Son profil. Ses longs cheveux noirs. Son allure à la fois fragile et volontaire. Qu'a-t-elle de si différent des autres filles ?

– Il faut que je te dise quelque chose.

– Quoi ?

– Ce n'est pas vrai ce que j'ai raconté sous la tente hier soir. Je voulais faire mon intéressant. Jennifer m'énervait. Il fallait que je sois moi aussi un héros à ma façon…

Meriam continue de semer la panique parmi les moucherons. La tige de la fougère casse. Elle la jette et en coupe une autre.

– T'en veux une ?

– Tu as compris ce que j'ai dit ?

– Oui.

Damien aimerait s'expliquer plus longuement, mais le bruit d'un moteur attire l'attention de Meriam. Au loin, un tourbillon de poussière s'élève et forme un entonnoir avant de se dissiper dans l'air.

– Une voiture ! s'écrie Damien.

– Faut croire que c'est notre jour de chance. On n'a qu'à attendre ici. Elle se dirige vers nous.

Meriam l'attrape par les épaules et le force à se pencher sur elle. Il est plus grand, plus large, plus osseux, et pourtant elle n'a aucune difficulté à le manœuvrer.

– Je me fous que tu aies menti ou pas, dit-elle d'une voix douce.

Meriam sourit. La blancheur éclatante de ses dents ne fait qu'ajouter à la confusion du garçon.

– Je crois que c'est le bon moment, non ? Comme dans les films ringards où les amoureux s'embrassent sur une musique à l'eau de rose.

Le nuage de poussière se rapproche.

Le bruit de moteur enfle.

– Qu'est-ce qui se passe ?

La voix était éraillée, mais reconnaissable. Jeff était assis en équilibre précaire, le dos appuyé contre l'arbre à côté duquel avait été déposé le brancard. Son œil droit était ouvert, le blanc strié de veinules rouges. Le gauche n'était qu'une fente sous laquelle perçait la lueur d'une prunelle. Si jamais Quasimodo avait existé un jour, Jeff était sa réincarnation.

Damien venait de saisir Lukas par la taille à bras-le-corps. Meriam tentait de les séparer. Lisa et Jennifer assistaient au combat sans s'en mêler, de peur de recevoir un mauvais coup. La voix de l'éducateur avait instantanément mis fin au pugilat.

– On a cru que tu ne te réveillerais jamais, avait dit Lisa, incapable d'empêcher un sanglot de bouillonner dans sa gorge.

– Où sommes-nous ?

Jeff faisait des efforts pour s'exprimer. Il nasillait à cause de son nez cassé, et la douleur à la mâchoire l'obligeait à parler en avalant les dernières syllabes des mots.

Damien lui expliqua où ils se trouvaient et comment ils comptaient le ramener jusqu'au minibus. L'éducateur ne se rappelait pas de l'agression ni de l'ours mort.

– Tu pourras conduire ? avait demandé Lukas.

– Je ne peux même pas me lever…

Jeff avait des difficultés à rester assis, et les filles l'aidèrent à se rallonger sur le brancard.

– On va partir sans perdre de temps, avait dit Damien.

– Non.

Jeff avait saisi le bras du garçon. De la sueur perlait sur son front.

– Écoutez… (Une quinte de toux lui avait arraché un grognement de douleur :) J'ai soif. (Il avait bu lentement pour ne pas s'étrangler, puis avait repris :) Il faut que deux d'entre vous aillent chercher du secours. Les autres resteront avec moi. Dans le minibus, dans la boîte à gants, il y a un téléphone portable. Je ne vous en avais pas parlé parce que j'avais le mien. C'est celui du Centre. On le laisse là en cas de nécessité si jamais on tombe en panne. Le problème, c'est que je ne suis pas certain qu'il soit chargé. La batterie est peut-être morte. Faudra voir.

De toute façon, avec moi vous n'y arriverez pas avant la nuit. Il est préférable de…

L'œil valide s'était refermé et il avait perdu connaissance.

Lisa essuie le front de Jeff. La transpiration est abondante. La fièvre monte. Les lèvres de l'éducateur craquèlent. Sa peau se parchemine.

– Combien de temps tu crois qu'ils vont mettre pour trouver les secours ?

Jennifer est assise à l'ombre du chêne. Lisa, à genoux, continue d'éponger Jeff. Lukas est installé au bord de la rivière et leur tourne le dos.

– Vite j'espère, répond Lisa.

Meriam et Damien agitèrent les bras au-dessus de leurs têtes. Les conducteurs les virent et se dirigèrent droit sur eux.

Deux 4 × 4 de marques étrangères, un pick-up Toyota et un Land Rover, stoppèrent à moins d'une dizaine de mètres, moteurs en marche. Trois hommes descendirent des véhicules. Le Toyota était un utilitaire. Derrière la cabine, une plate-forme à ciel ouvert était encombrée de matériel. Les hommes s'avancèrent. Celui qui portait un chapeau parla, mais le bruit des moteurs couvrait sa voix.

– Comment ? Je n'ai pas compris, dit Damien.

– Je demandais si vous aviez un problème !

L'homme au chapeau posa ses mains sur ses hanches, coudes écartés. Les deux autres regardaient les alentours. Le plus petit sortit un paquet de cigarettes de la poche de sa veste et en alluma une. Le troisième mâchait du chewing-gum bouche ouverte.

– Oui ! avait répondu Damien en haussant la voix afin de dominer le ronflement des moteurs.

Une rafale de vent faillit emporter le chapeau de l'homme.

– Roger, veux-tu aller couper les contacts, on ne s'entend pas.

Le fumeur fit un signe de tête et rebroussa chemin. Passant d'un 4×4 à l'autre, il mit un terme au raffut.

– Parfait. Maintenant on peut parler.

L'homme au chapeau tendit cinq doigts épais et crevassés.

– On m'appelle Jeannot.

Un gobage attire l'attention de Lukas. Un cercle concentrique s'élargit à la surface de l'eau et finit par se fondre dans la masse liquide. Nouveau gobage. Lukas tente d'apercevoir la bouche cartilagineuse du poisson au moment où il happe sa proie. Des nuées d'insectes ailés survolent la rivière. La réverbération de l'eau est aveuglante, presque blessante. Les gobages s'intensifient. Lukas discerne nettement le bruit que font à la surface les poissons quand ils remontent pour se nourrir.

Depuis le bain forcé dans la rivière, l'intérieur de ses cuisses est entré en ébullition. Lukas écarte la ceinture de son pantalon de survêtement, jette un œil à son entrejambe et tâte d'une main prudente la partie irritée. Le bout de ses doigts se nappe d'un liquide visqueux et incolore. Inquiet, Lukas baisse le pantalon sur ses genoux. Entre ses jambes des cloques boursouflent la chair, certaines sont percées et suintent.

L'intérieur du Land Rover sentait la poussière et la sueur. Meriam et Damien étaient assis à l'arrière. Jeannot, l'homme au chapeau, conduisait, à ses côtés le fumeur, Roger. Le Toyota les suivait à quelques encablures, Hubert au volant. Les trois hommes s'étaient présentés quelques instants plus tôt.

Damien leur expliqua la situation. Ils écoutèrent en hochant la tête, sans être outre mesure impressionnés. À l'évocation de l'ours, Jeannot écarquilla les yeux et Roger écrasa sa cigarette dans l'herbe sous le talon de sa chaussure. On aurait dit qu'il la vissait dans le sol. Hubert fit rouler son chewing-gum dans sa bouche avant de l'en retirer.

– Bon, bon… avait dit Jeannot après que Damien eut terminé ses explications. Va falloir qu'on vous aide, si je comprends bien. Vous avez une sacrée veine qu'on soit passés dans les parages. Normalement, aujourd'hui, on devait s'occuper des bêtes avec le véto, mais il a eu un empêchement. Alors, on s'est dit, comme ça, qu'on allait réparer quelques clôtures, histoire de pas perdre notre journée, et depuis ce matin on vadrouille…

L'homme au chapeau n'avait jamais été aussi disert. Il sourit pour la première fois et l'atmosphère se détendit soudain.

– On est éleveurs de moutons, avait précisé Roger.

– Ouais, avait continué Hubert. Et on peut dire que vous êtes vraiment vernis. On n'a jamais vu l'ombre d'un poil d'un museau d'ours depuis qu'on sillonne le coin. D'ailleurs, devrait pas y en avoir par chez nous. Théoriquement ils ont été réintroduits plus au sud. Je vois pas comment un ours trouverait le moyen de remonter jusqu'ici. Pas vrai Jeannot ?

L'homme au chapeau acquiesça d'un grognement avant de reprendre la parole.

– Et puis votre histoire de mutilation et d'agression, elle est bizarre. Qui ferait une…

Il cherchait ses mots et se gratta le haut du front en soulevant son chapeau. Une marque rouge était incrustée dans la peau moite d'une blancheur laiteuse.

– … une bêtise pareille ? avait-il fini par lâcher dans un sifflement mi-interrogateur mi-consterné. Ces animaux sont protégés, bon sang ! Personne ne les chasse, même pas pour des trophées. Faut être idiot ! Ça coûte la taule, ce genre de passe-temps. Sans parler du tabassage de votre éducateur. Mais bon, on verra ça plus tard. Si vous dites vrai, les gendarmes s'en occuperont. Après tout, c'est pas nos oignons. Maintenant, vous allez nous indiquer où sont vos camarades et le blessé. Allez ! En voiture tout le monde ! Pas de temps à perdre.

L'habitacle du 4 x 4 était passablement secoué par les cahots. Meriam avait posé sa tête sur l'épaule de Damien, avait fermé les yeux et s'était endormie.

– Ah, voilà la rivière. Accrochez-vous ! À partir d'ici ça va bouger drôlement. Le sentier n'est pas assez large pour les bagnoles et on va bouffer de la caillasse…

Jeannot avait rétrogradé en seconde. Roger s'était agrippé à la poignée au-dessus de la portière.

Hubert et Roger installent Jeff sur la plateforme arrière du Toyota. Ils ont dégagé de la place, le matériel poussé et entassé sur les côtés. Hubert, aidé par Lisa, recouvre l'éducateur d'un duvet.

– Je vais le border, propose la jeune fille. Comme ça, il n'aura pas froid pendant le transport.

Jeff dort profondément. Son état ne s'est pas amélioré.

– Faut pas lambiner, dit Hubert. L'hôpital est quand même à trois quarts d'heure en roulant bien.

Lisa saute de la plate-forme.

– Vous êtes sûr que ça va aller ?

– Vous en faites pas, jeune fille. On va se débrouiller.

Lukas rejoint les deux hommes, tandis qu'elle s'éloigne.

– Je monte à côté de lui ?

– Ouais. Tu te cales comme tu peux. Fais attention au matériel qu'il ne lui tombe pas sur la tête.

Hubert l'aide à grimper, et Lukas s'assoit à côté de Jeff.

– Ça ira ?

– Oui, merci.

– On y va ! crie Hubert.

Jennifer avait sauté de joie.

– On est sauvés ! On est sauvés…

Les larmes jaillissaient de ses yeux. Lisa s'était précipitée à la rencontre des véhicules. L'un d'eux avait stoppé à une cinquantaine de mètres, tandis que l'utilitaire continuait jusqu'à sa hauteur et s'immobilisait. Derrière le pare-brise un homme s'essuyait le front avec le dos de la main. Il avait souri à la jeune fille, puis ouvert la portière et était sorti.

– La cavalerie…

Lisa n'avait pas compris. Son expression d'incrédulité la trahissait.

– La cavalerie, avait répété l'homme. Les secours, quoi… Salut, moi c'est Hubert.

Fouillant dans une de ses poches, il en avait sorti une boule de chewing-gum verdâtre persillée de miettes d'origine douteuse et l'avait propulsée d'une pichenette dans sa bouche, avant de mastiquer bruyamment.

– On va s'occuper de vous…

Un large sourire illuminait sa face ronde et épanouie, découvrant le jaune paille de ses dents entartrées.

Damien et Meriam les avaient rejoints en courant. Derrière eux, Roger et Jeannot suivaient, sans se presser.

– Vous avez réussi ! s'était exclamée Jennifer.

– On a eu de la chance. Maintenant ça va aller, ce sont des éleveurs de moutons, avait précisé Meriam, sans savoir pourquoi ça lui semblait si important que ces hommes élèvent des moutons.

– Comment va-t-il ?

– Pas terrible, tu sais Damien…

Ils s'étaient tous retrouvés au chevet de Jeff. Jeannot, accroupi, avait posé une main sur le front de l'éducateur.

– Il a de la fièvre et pas qu'un peu. L'est mal en point…

Il avait pris son poignet entre ses doigts. À voix basse, il comptait les pulsations, un œil rivé sur le cadran de sa montre.

– Le pouls est un peu rapide, mais ça va. C'est le visage qu'a morflé. Vous avez vérifié qu'il n'avait rien de cassé. Jambes ? Bras ?

Les adolescents n'avaient pas pris la précaution élémentaire d'examiner Jeff dans le détail. Jeannot, confronté à leur silence, n'avait pas insisté.

– Bon, de toute façon vous l'avez amené jusqu'ici et il n'est pas mort, n'est-ce pas ? Alors on va le conduire dare-dare à l'hôpital. Hubert, tu vas t'en charger et nous, avec Roger, on s'occupe des gosses. Il faudrait pourtant qu'un de vous l'accompagne. Il se tiendra avec le blessé à l'arrière, sur la plate-forme…

– Moi !

L'homme au chapeau, toujours accroupi, avait jeté un regard inquisiteur à Lukas.

– J'aurais préféré le grand, avait-il dit en désignant Damien.

À la stupeur générale, Lukas avait baissé son pantalon de survêtement.

– Je dois voir un médecin !

Son corps tremblait. Jeannot avait jeté un œil aux cuisses du garçon et s'était retenu de sourire en pensant à ces gars de la ville qui partaient randonner en montagne sans entraînement ni expérience.

– Rhabille-toi. Si les autres sont d'accord, je n'y vois pas d'inconvénient.

Jennifer, Lisa, Meriam et Damien se serrent sur la banquette arrière du Land Rover. Jeannot est au volant et Roger à côté de lui. Lukas est assis sur la plate-forme du Toyota qui les précède. Jeff et lui sont en route pour l'hôpital le plus proche, conduits par Hubert. Quant à eux, ils vont à la gendarmerie raconter leur histoire. Les gendarmes préviendront le Centre et le minibus sera récupéré plus tard.

Après vingt minutes de navigation dans les bois, ils atteignent enfin la route. Il fait maintenant nuit et les phares sont allumés.

– On en a encore pour longtemps ? demande Damien.

– Non, pas trop, le rassure Jeannot.

Sa voix se perd dans le grondement du moteur lorsqu'il accélère et prend la route départementale en quittant le sentier et la forêt.

Damien, en casant les sacs à dos dans le coffre du Land Rover de Jeannot, avait remarqué les deux sacoches dans le fond. Des étuis à fusils. Pour des éleveurs, cela semblait normal de se balader avec des armes.

Hubert les doubla. Damien fit un signe de la main à Lukas qui ne le vit pas. Jeannot s'approcha de Damien.

– C'est bon, on peut y aller, Roger nous attend, pressons.

Damien fit le tour du 4×4 par la droite – Roger était déjà installé à l'intérieur avec les filles. Une idée lui vint à l'esprit.

– On ne pourrait pas appeler l'hôpital ou le SAMU pour qu'ils nous envoient des secours ? Je sais pas... Un hélicoptère. Ça irait plus vite, non ?

Jeannot posa les deux mains à plat sur le toit de la voiture. Sa tête et ses épaules dépassaient. Son chapeau toujours vissé sur son crâne, il cligna des yeux et son visage s'allongea de façon théâtrale.

– Faudrait, ouais... Ça serait mieux... T'as un téléphone portable, toi ? Tu m'as dit que celui de votre éducateur était dans la rivière, pas vrai ?

– Mais vous, vous n'en avez pas un ?

– Je vais te dire, mon gars, dans ce coin si jamais tu trouves un relais, tu me fais signe... Ici, c'est comme qui dirait une zone blanche. On n'a pas de ligne. On est aux abonnés absents. Alors se trimballer un portable, c'est aussi utile que de transporter sur son dos un piano au cas où on voudrait écouter de la musique. Tu piges ?

Les doigts de l'homme pianotèrent sur la carrosserie.

– Bon, alors on y va ?

Ils roulent depuis une demi-heure sur la départementale. Il fait totalement nuit. Lukas se recroqueville pour se protéger du vent. Par la lunette arrière de l'habitacle du Toyota, il peut apercevoir la silhouette du conducteur, ainsi que le cadran lumineux du tableau de bord. Il y a un instant, juste avant de prendre l'embranchement, Jeff a bougé. Lukas s'est penché. Il a attendu un signe, un mot – en vain.

Les phares du Land Rover qui les suit éclairent la plate-forme dès que la route est droite. Assez rarement, en fait. Depuis qu'il monte, les lacets se sont multipliés. La voiture tangue. Le 4×4 grimpe en direction du sommet de la montagne. Le col de l'Oussau, s'il se souvient bien du nom qu'il avait lu sur un panneau le jour de leur arrivée.

Un tournant en épingle le projette sur le côté contre la ridelle du hayon. Le choc est violent et Lukas cherche aussitôt un endroit où assurer une prise.

– C'est la bonne route ?

La voix de Meriam avait rompu le silence qui régnait dans l'habitacle et Roger s'était tourné vers eux.

– Pardon ?

– Je demande si c'est la bonne route. Parce qu'on monte au lieu de descendre. Je pensais que la gendarmerie et l'hôpital se trouvaient en bas, dans la vallée.

Damien s'était penché vers l'avant. Lisa et Jennifer écoutaient, attentives à la réponse qu'allait faire l'homme. La question de Meriam ne leur semblait pas si bête.

– Tu penses mal, jeune fille. On va passer le col et on rejoindra la gendarmerie un peu plus bas. Si nous avions pris par la vallée, on aurait mis plus de temps. En fait, on aurait fait un sacré détour…

Logique.

– Je me souviens qu'il y a quatre jours nous avons croisé une gendarmerie juste après le dernier village en arrivant en minibus. Tu t'en rappelles pas, toi ?

Meriam parlait à l'oreille de Damien. Le garçon avait fermé les yeux, essayant de se souvenir.

– Non. T'es sûre de toi ?

– Alors c'est que j'ai dû rêver ou que je confonds… C'est la fatigue. Je suis désolée…

– C'est rien. On est tous sur les nerfs.

Damien avait embrassé Meriam. Jennifer et Lisa s'étaient poussées du coude, un peu jalouses mais pas vraiment surprises.

Sa main agrippe solidement les bords d'une caisse. Dans le noir, Lukas n'a trouvé que ce moyen pour se retenir. Jeff toujours inconscient, le garçon veille à ce que le duvet ne s'ouvre pas – le froid est intense. Hubert conduit de plus en plus vite et le Toyota fait une nouvelle embardée. Lukas est projeté en arrière.

– C'est pas vrai ! s'écrie-t-il.

Il entraîne avec lui la caisse en la reversant et son contenu se déverse sur Jeff.

– Qu'est-ce qu'il fabrique, celui-ci ?

Jeannot pose la question pour lui-même, sans vraiment attendre une réponse. Roger s'avance jusqu'à coller son nez contre le pare-brise.

– Il doit se réchauffer… dit-il.

– Vous croyez ? C'est bizarre ? Il a l'air affolé, vous ne trouvez pas ? Faudrait s'arrêter, non ?

Dans le ton de la voix de Damien, l'inquiétude perce. Les gesticulations de Lukas ne sont pas normales. Inquiètes, les trois filles regardent le garçon s'agiter dans les lumières intermittentes des phares. Il est à genoux et ses bras balaient la nuit au-dessus de sa tête.

– S'il a un problème, il n'a qu'à prévenir Hubert. Il s'arrêtera, dit Jeannot. L'est pas idiot…

– C'est peut-être Jeff qui a un problème, insiste Lisa.

– Ça servira à quoi que je m'arrête si Hubert continue, hein ?

Jeannot hausse les épaules. Ces gamins sont vraiment compliqués.

– Klaxonnez au moins, intervient Lisa.

– Bon, écoutez, s'impatiente l'homme au chapeau. Nous allons dépasser le col dans moins de deux minutes. Si après votre copain continue à jouer les sémaphores, promis on fera le nécessaire. D'ici là, laissons à Hubert le choix de s'arrêter ou non. D'accord ? De toute façon il n'y en a plus pour très longtemps.

Après avoir redressé et calé la caisse qui ne contenait heureusement que des vêtements de travail, Lukas rangea tout dans l'urgence, jetant en vrac ce qui lui tombait sous la main.

Quelque chose avait atterri un peu plus loin. Dans l'obscurité, il lui fut impossible de savoir quoi. Pourquoi prendre un risque ? Il valait mieux attendre une ligne droite pour le ramasser et ne pas risquer une nouvelle cabriole. Ou, encore mieux, ne pas y toucher.

Quelques secondes plus tard, le conducteur accéléra franchement et le véhicule se stabilisa. Une ligne droite. Les phares du Land Rover qui les suivait illuminèrent la plate-forme.

– Qu'est-ce qu'il tient à la main ? avait demandé Damien.

Les deux hommes à l'avant ne lui répondirent pas.

Maintenant debout sur la plate-forme du Toyota, au risque de tomber à la renverse sur la route et de se briser le cou, Lukas brandit à bout de bras une des chaussures de marche de Jeff.

Jeannot enfonce la pédale d'accélération, le Land Rover bondit littéralement en déboîtant sur la gauche et double le pick-up Toyota dans un rugissement du moteur.

– Eh ! Qu'est-ce que vous faites ?! s'écrie Damien.

Pas de réponse.

Roger ouvre la fenêtre de son côté, sort un bras et, arrivé à la hauteur du conducteur du Toyota, lui fait un signe de la main.

Les deux 4×4 ralentissent, puis vont s'immobiliser sur le bas-côté près d'une ravine.

– Mais que se passe-t-il ? demande Meriam.

– Fini de jouer, dit Roger. Sortez !

Au même instant, une détonation retentit. Un éclair violent illumine l'arrière du Toyota stationné quelques mètres derrière eux.

Une fraction de seconde durant laquelle l'expression terrifiée du visage de Lukas apparaît avant d'être engloutie par la nuit.

Derniers titres parus aux éditions Thierry Magnier

Collection « Romans »

La petite terreur de Glimmerdal
de Maria Parr traduit du néo-norvégien par Jean-Baptiste Coursaud
Tonje, dix ans, est la seule enfant du village. Son meilleur copain, Gunnvald, a soixante-douze ans. Ensemble ils fabriquent des bobsleighs pour dévaler la montagne à tout blinde en hurlant leur joie et leur trouille. Un jour Gunnvald reçoit une lettre qui le bouleverse, aurait-il un secret pour sa jeune amie ?

Mon père est américain
de Fred Paronuzzi
Fruit d'un amour de passage, Léo ne sait rien ou presque de son père. Tout au plus un prénom et qu'il est américain. Claire, sa mère, ne lui a jamais avoué qu'elle entretient en secret des liens réguliers avec lui. Difficile de dire à son fils que son père est en prison. Mais Léo découvre la vérité.

Revolver
de Marcus Sedgwick traduit de l'anglais (Grande-Bretagne) par Valérie Dayre
1910. Sig est seul dans une cabane au nord du cercle arctique. Son père est tombé dans un lac gelé, sa sœur et sa belle-mère parties chercher de l'aide. Un étranger survient, menaçant, réclamant le magot d'or volé...

Moi, mon frère et le nouveau
de Martha Heesen traduit du néerlandais par Emmanuèle Sandron
Les parents de Jan et Toon sont famille d'accueil. Les deux enfants biologiques vivent ces intrusions chacun à leur manière. Chaque arrivée dans la famille est l'occasion d'anecdotes tendres ou cruelles, drôles ou dramatiques.

Les aigles ne tuent pas les mouches
de Luc Baba
Avant ce matin-là, Zoé allait son chemin tranquille. « Tu as reçu quoi pour tes quatorze ans ? J'ai appris que j'étais laide. » Elle le sait grâce à Walter, son premier amour impossible. Elle décide alors de créer un club de moches, et trouve des volontaires !

Mayo ketchup ou lait de soja
de Gaia Guasti
« Beurk, elle pue ! » Voilà le sort d'Élianor réglé en un instant dans la cour de récréation. Mais elle s'en fiche, Élianor, elle cultive sa différence. La preuve, elle a volontairement banni sucre, viande et lait de vache de son alimentation. Pour gagner son amitié Noah est prêt à rallier sa cause.

Le Cantique des elfes
de Myriam Chirousse
Dans *Ultramonde*, Lady Kerridwen rencontre Lupus Negrus, un personnage très séduisant. Jessica, dans la réalité, ne vit plus que pour les mails enflammés de Lupus Negrus et leurs rendez-vous au château d'Osgarth. Jeu en réseau, amour virtuel ou réel, lequel est le plus exaltant ?

Quand un amant passe
de Mats Wahl traduit du suédois par Agneta Ségol et Marianne Ségol-Samoy
Tom ne se sent plus compris par personne. Le voisin, Karl Berger, un vieil Allemand au passé obscur, lui demande de l'aider à entretenir son jardin. Il semble bien connaître sa famille et pourtant, sa mère ne veut pas en entendre parler. Tom est animé de sentiments violents et contradictoires qui vont bouleverser sa vie, celle de sa famille.

Camille aime pas danser
de Marie-Sophie Vermot
Anastasia dévore la vie à pleines dents. Camille est plus jeune, plus réservée. Elles sont sœurs et vivent avec leur mère dans une maison perdue au bout d'une presqu'île. Après une aventure d'un soir, Anastasia n'arrive pas à s'avouer qu'elle est enceinte.

Vert jade rouge sang
de Pascale Maret
Ko Myo va retrouver son frère Naing Lin, parti chercher fortune dans les mines de jade, loin de Rangoon. Après un long trajet, Ko Myo le retrouve en piteux état. Le travail dans la mine est épouvantable, les conditions de vie terrifiantes.

Comme chiens et chats
Collectif
Neuf nouvelles sur le thème des relations fraternelles avec des sensibilités, des registres différents, des histoires qui puisent souvent dans la biographie revisitée des auteurs.

Marre de l'amour
de Maud Lethielleux
Des parents qui s'aiment, se tiennent la main, roucoulent les yeux dans les yeux, tous les enfants en rêvent ! Pas si sûr, Pierrot lui, n'y voit que des inconvénients. Avec ses copains, il va tenter de faire « désaimer » ses parents.

Ces années blanches
de Julie-Jacob Cœur
Marie, sa vie, elle l'aimait bien. Mais à la maison rien ne va. Rose, la faute à Rose, sa sœur aînée, qui n'en finit pas de s'égarer, de plonger dans les embrouilles. Après des années de compassion, Marie en a assez, elle veut vivre sa vie d'ado.

CET OUVRAGE A ÉTÉ ACHEVÉ D'IMPRIMER
FACE AU GRIZZLI POUR LE COMPTE
DES ÉDITIONS THIERRY MAGNIER
PAR L'IMPRIMERIE FLOCH À MAYENNE
EN JANVIER 2012
DÉPÔT LÉGAL : FÉVRIER 2012
N° D'IMPRESSION : 81448

Imprimé en France